오늘도 딴생각에 빠진 당신에게

Original Japanese title: 24 TWENTY FOUR KYO ICHINICHI NI SHUCHU SURU CHIKARA
Copyright © 2022 Syugo Hotta
Original Japanese edition published by Ascom, Inc.
Korean translation rights arranged with Ascom, Inc.
through The English Agency (Japan) Ltd. and Danny Hong Agency

오늘도 딴생각에 빠진 당신에게

홋타 슈고 지음 | 정지영 옮김

밀리언서재
Million Publisher

오늘 하루를 어떻게 보낼 것인가?

모든 사람에게 평등하게 주어진 유일한 것, 바로 오늘 하루 24시간이다. 성별, 외모, 나이, 능력, 자산, 사회적 지위 등은 사람마다 다르지만, 하루에 쓸 수 있는 시간만큼은 누구에게나 똑같이 주어진다. 동시에 '24시간을 어떻게 쓸 것인가?'라는 물음은 인류의 영원한 과제라고 할 수 있다.

기원전 로마제국의 철학자 세네카(Seneca)는 《인생의 짧음에 관하여(De Brevitate Vitae)》에서 이렇게 말했다.

"무언가에 쫓기듯이 살아가는 사람의 인생은 아주 짧다."

늘 시간에 쫓기는 우리에게 매우 뼈아픈 말이다.

그 외에 시간의 가치를 강조한 말은 많다.

"사람들은 현재가 얼마나 가치 있는지 모른다."(괴테)

"시간 낭비만큼 커다란 손해는 없다."(미켈란젤로)

"인생이란 지금 오늘을 말한다."(데일 카네기)

"오늘 하루는 내일보다 2배의 가치가 있다."(벤저민 프랭클린)

기원전부터 현대까지 동서고금의 많은 사람들이 다시는 돌아오지 않는 오늘이라는 날을 어떻게 살아야 하는지 진지하게 생각해왔다. 인생은 너무나도 짧고, 한순간도 멈추지 않고 계속 나아가기 때문이다.

또한 아무리 만전을 기해도 미래는 항상 불확실하고, 이미 지나간 과거는 바꿀 수 없다. 결국 죽음을 맞이할 때까지 우리가 할 수 있는 일은 오늘 하루 24시간을 필사적으로 살아가는 것뿐이다. 그리고 하루를 어떻게 사용하는지는 자신의 판단에 달려 있다.

그렇다면 24시간을 어떻게 사용해야 비즈니스에서 성공을 거두고, 삶을 충실하게 살아갈 수 있을까? 어떻게 해야 오늘 하루를 나 자신을 위해 쓸 수 있을까?

24시간을 가장 효율적으로 사용하는 방법은 전 세계의 뛰어난 지혜를 통해 밝혀지고 있다. 그 답은 지금 눈앞에 놓인 일에 그저 집중하는 것이다. 미래를 위해서도 아니고, 생산성과 효율화를 추구하기 위해서도 아니며, 그저 눈앞의 일에 집중한다. 다양한 연구와 실험을 통해 증명된 이 답은 언뜻 당연하고 간단한 것처럼 보인다. 하지만 안타깝게도 대부분의 사람들은 이것을 잘 실천하지 못한다.

도둑맞은 오늘을 되찾아라

눈앞의 일에 집중하면 삶의 행복도가 높아진다. 이것은 하버드대학교의 심리학자 매튜 킬링스워스(Matthew Killingsworth)와

대니얼 길버트(Daniel Gilbert)의 연구로 밝혀졌다.

킬링스워스는 독자적인 아이폰 앱을 이용해 13개국의 18세부터 88세 사이의 5천 명을 대상으로 "지금 무엇을 하고 있습니까?" "지금 기분이 어떻습니까?" "지금 하고 있는 일 외에 다른 것을 생각하십니까?" 등 다양한 질문을 하고 답변을 모았다.

그 결과 46.9퍼센트의 사람들이 무언가를 하고 있을 때, 그것과 관계없는 것을 생각하며, 지금 하는 일과 다른 생각을 하고 있을 때 행복하지 않다는 결론을 얻었다. 눈앞의 일에 집중하지 못할 때 행복을 느끼기 어렵고, 집중할 때는 행복을 느낀다는 말이다.

이 결과에 따라 킬링스워스와 길버트는 과학 전문지 《사이언스(Science)》에 실린 논문에서 "행복에 필요한 것은 몸과 마음이 지금에 집중하는 일"이라고 말했다.

시간을 잊을 만큼 무언가에 집중하거나 몰입했을 때, 엄청난 충실감, 만족감, 행복감을 느끼지 않는가? 무언가에 집중하고 있는 동안에는 다른 생각이 떠오르지 않기 때문이다.

참고로 다른 생각을 한다는 것은 동물계에서 인간만이 가진 능력이다. 우리는 이 훌륭한 능력 덕분에 배우고, 추론하고, 계획하고, 과거와 미래를 생각할 수 있다. 동시에 여러 가지 생각을 하는 것은 뇌의 기본적인 작용이다.

이 실험은 우리의 뇌가 동시에 여러 가지 생각을 할 수 있지만, 지금 하고 있는 일과 다른 생각을 하면 행복도는 떨어진다는 조금 아이러니한 결론을 제시한다. 또한 뭔가에 집중하는 것이 얼마나 가치 있는 일인지를 전해준다.

소중한 시간을 방해하는 것들이 너무 많다

아마 여러분 중에는 매일 '해야 할 일에 집중하지 못한다', '24시간이 눈 깜짝할 사이에 지나가서 해야 할 일을 하나도 하지 못한다'라고 생각하는 사람들이 많을 것이다. 이렇게 생각하는 까닭은 무엇일까? 현대사회에는 우리가 해야 할 일에 집중하는 것을 방해하는 존재가 너무 많기 때문이다.

• 미래가 불안하고, 해야 할 일이 손에 잡히지 않는다.

- 친구에게 문자나 메신저가 와서 스마트폰이 울릴 때마다 작업을 중단한다.
- 인터넷 창을 열면 궁금한 기사가 나와서 무심코 읽게 된다.
- 직장의 인간관계에 피로를 느껴 내 일에 집중할 수 없다.
- 애초에 작업이 너무 많아서 처리할 수 없고, 뭐가 중요한지 모르겠다.
- 나도 모르게 자신을 부정해서 침울해진다(능률이 떨어진다).
- 다른 사람이 부러워서 내 일에 집중하지 못한다.
- 내 일보다 남의 일을 우선 한다.
- 사람들과의 교류(회의뿐 아니라 사적인 시간을 사용하는 것)로 시간을 낭비한다.

열거하면 끝이 없지만 우리에게서 시간을 빼앗고, 비즈니스나 인생에 부정적인 영향을 주는 존재는 한없이 많다. 그래서나 스스로 통제하지 않으면 한 번밖에 없는 오늘 하루를 누군가를 위해 계속 소비하게 된다.

오늘 하루를 잘 보냈다고 생각하려면?

이 책에서는 전 세계 일류 연구자들이 시행한 실험과 연구를 통해 "오늘 하루에 집중하려면 어떻게 해야 할까?"에 대한 답을 함께 찾아보고자 한다.

- 인생의 선택으로 고민이 된다면 어떻게 해야 할까?
- 온갖 할 일로 빈틈 없이 채워진 일상을 어떻게 해야 할까?
- 무슨 일을 해야 할지 모를 때는 어떻게 해야 할까?
- 불안감이나 부정적인 감정에 지배당했다면?
- 능률이 오르지 않을 때는?
- 뭔가에 오래 집중하지 못할 때는?
- 행복을 느끼지 못할 때는?
- 인간관계로 고민이 있다면?

이렇게 누구나 알고 싶은 대답을 얻기 위해 다양한 분야의 연구를 살펴보고자 한다. 예를 들어 이런 연구 결과가 있다.

"인생의 선택은 동전 던지기로 결정하더라도 진행하는 편이 행복하다."
(시카고대학교 스티븐 레빗의 실험)

——

"멀티태스킹을 하면 생산성이 40퍼센트 감소하고, 일을 마칠 때까지
시간이 50퍼센트 더 걸리며, 작업 오류가 50퍼센트 늘어난다."
(워싱턴대학교 존 메디나)

——

"작업이 2.8초 중단되면 실수가 발생할 확률이 2배가 되고,
4.4초 중단되면 4배가 된다."
(미시간주립대학교 앨트먼의 연구)

——

"부정적인 뉴스를 보면 뉴스와 관계없는 개인적인 걱정거리까지
과대하게 느껴져서 비관적으로 변한다."
(서식스대학교 존스턴과 데이비의 실험)

——

"사람들이 불안해하는 일의 90퍼센트는 실제로 일어나지 않는다."
(펜실베이니아대학교 톰 보코벡의 조사)

——

"사람은 긴급도가 높고 간단히 할 수 있는 일을 우선시한다."
(존스홉킨스대학교의 주의 실험)

"불안하더라도 '나 지금 설레(흥분)'라고 바꿔 말하면 능률이 올라간다."

(하버드대학교 데이비드 브룩스의 실험)

—

"정보를 모을수록 사람은 실수를 저지른다."

(라드바우드대학교 압 데익스테르후이스의 실험)

—

"해야 할 과제를 미루면 학업 성적이 떨어진다."

(루마니아 바베시볼리야이대학교 카르멘의 조사)

—

"직접 폭언을 들은 사람은 작업 처리 능력이 61퍼센트,
창의성이 58퍼센트 떨어진다."

(조지타운대학교 크리스틴 포래스와 아미르 에레즈의 연구)

—

"사람은 자신을 위해 무언가를 하기보다 다른 사람을 위해
좋은 일을 하고 그것을 달성했을 때 더 행복을 느낀다."

(휴스턴대학교 멜라니 러드의 실험)

—

"사람을 행복하고 건강하게 만드는 요인은 집안, 학력, 직업,
환경, 연봉, 노후자금, 돈 등이 아니라 질 좋은 인간관계다."

(하버드대학교 조지 베일런트의 연구)

이 연구들은 우리가 해야 할 일을 명확하게 보여주고, 스스로 시간을 통제하고 관리하는 방법을 알려준다. 그것은 결국 다른 사람의 시선, 지나치게 많은 할 일, 선택의 기로에서 망설임, 수많은 스트레스를 떨쳐내고 '오늘 하루'에 집중해서 최대한의 결과를 얻는 방법이다.

미국의 기업가 헨리 포드는 "성공한 사람은 대부분 다른 사람이 시간을 낭비하는 동안 앞으로 나아간다"라고 했고, 스티브 잡스는 "이 땅에서 보낼 수 있는 시간에는 한계가 있다. 정말 중요한 일을 정말로 열심히 할 수 있는 기회는 두세 번밖에 없다"라고 했다.

"오늘 하루를 어떻게 보낼 것인가?"라는 인류의 영원한 과제에 답을 낼 수 있는 사람은 나 자신뿐이다.

중요한 것은 자기만의 첫발을 내딛는 것이다. 최고의 24시간을 손에 넣기 위한 여행을 시작해보자.

오늘도
딴생각에 빠진
당신에게

~~~~~~~~~~~~~~~~~~~~~~~~~~~~~~~~~

Part 01
우리는 왜
소중한 오늘 하루에
집중하지 못할까?

Part 02
24시간에
집중하기 위한 준비

Part 03
최고의 하루를
만드는 5단계

Part 04
집중력을 단번에 높이는
5가지 습관

Part 05
하버드대학이
80년에 걸쳐 내놓은
인생의 답

Part 06
오늘 하루를
행복하게 살아가는
사람의 조건

Why can't we concentrate on this precious day?

PART
01

우리는 왜
소중한 오늘 하루에
집중하지 못할까?

인생의 정답을 찾기 위한
검색의 무한 루프

● 중세인이 평생 습득할 정보를 하루 만에 얻다

흔히 현대사회를 정보화사회라고 하듯이 우리는 매일 엄청난 양의 정보를 받아들이고 있다. 예를 들어 일간지 〈뉴욕타임스〉에 실리는 하루의 정보량은 17세기 일반 영국인이 평생 접했던 정보량보다 많다고 한다.

과학기술이 발달하면서 우리의 생활은 옛날에 비해 놀라울 정도로 편리해졌다. 궁금한 것이 있으면 바로 검색해서 알아볼 수 있고, 눈 깜짝할 사이에 전 세계 사람들과 연결된다.

하지만 편리해진 반면, 당장 해야 할 일에 집중하기 위한 시간과 힘을 정보의 홍수 속에 낭비하고 있다. 이는 업무 능률이 떨어지는 가장 큰 원인이 되기도 한다.

예나 지금이나 하루가 24시간이라는 사실에는 변함이 없다. 그런데 우리는 미디어와 인터넷을 들여다보며 궁금한 정보를 더욱 탐색하고, 받은 메일이나 메시지에 일일이 답장을 보내며, SNS에 올라오는 정보를 확인하고 답글을 다는 등 단지 방대한 정보를 처리하는 데에만 믿을 수 없을 정도로 많은 시간을 쏟고 있다.

이렇게 정보처리에 소비하는 시간이 늘어날수록 눈앞의 일에 집중하기 어려워진다.

"당장 해야 할 일이 있는데 일면식도 없는 사람에게 일어난 사건이나 해외의 분쟁이 궁금해서 나도 모르게 인터넷 창을 열고 말았어."

"상사와 거래처에서 연달아 메일이 날아오니까 거기에 대응할 시간도 모자라서 정작 내 할 일에는 집중을 못 했어."

누구에게나 있을 법한 일이지만, 과연 한정된 시간을 효과적이고 의미 있게 사용하고 있다고 말할 수 있을까? 혹은 제대로 된 삶을 충실히 살고 있다고 할 수 있을까?

● 검색의 덫에 걸린 우리의 집중력

사회에 유통되는 정보량이 아무리 늘어나도 그것을 받아들이지 않으면 정보처리에 드는 시간도 크게 늘어나지 않을 것이다.

그러나 실제로 우리는 그런 정보를 받아들이지 않기는커녕 자진해서 정보를 모으려는 경향이 있다. 사람들은 정보를 모아서 자신의 인생을 효율화하고 최적화하고 싶다는 생각에 빠져 있으며, 그런 의식이 정보를 모으도록 작용하기 때문이다.

사람에게는 본능을 뛰어넘어 생각하는 힘이 있고, 이를 통해 말, 문자, 사물, 기술을 창출해 고도의 문명을 구축해왔다. 생각하는 것은 물론 이로운 일이지만, 그것이 도를 넘으면 필요 이상으로 고민하거나 주저하게 되어 쉽게 결단을 내리지 못하고, 해야 할 일을 행동에 옮기지 못한다.

사람들은 대개 자신의 판단과 행동, 노력의 결과를 지금 알고 싶을 때, 알 수 없는 미래에 대한 정답을 구하고자 할 때, 생각이 지나치게 많아진다.

자신의 판단이나 행동이 정답인지 아닌지는 실제로 해보지 않으면 알 수 없으며, 노력한 만큼 반드시 보답이 돌아온다고 보장할 수도 없다. 또한 미래에 자신과 가족, 사회에 어떤 일이 일어날지 정확하게 예측할 수 있는 사람도 없다. 10년 뒤의 미래는 고사하고 당장 내일 일어날 일조차 아무도 모른다.

그런데 현대사회를 살아가는 많은 사람들이 마치 인생에 공략본이 존재하는 것처럼 최대한 실수와 실패가 적은 삶, 효율적으로 성공을 거두거나 안전을 보장받을 수 있는 인생을 걷고 싶어 한다.

이는 현대사회에 평화가 오래 지속되면서 생긴 현상일 수도 있다. 천재지변이 빈발하거나 전쟁이나 혁명이 발발하는 등 한 치 앞도 알 수 없는 상황이라면 사람들은 앞날을 걱정하기보다 일단 오늘 하루를 필사적으로 살아남고자 할 것이다.

하지만 현대사회에서는 대부분 '내 미래는 오늘의 연장선상에 있다', '모든 것이 뒤집히는 큰 변화는 일어나지 않는다'라고 믿는다. 그리고 인생에서 최적의 해답을 찾아내 삶을 완벽하게 통제할 수 있다면 성공적인 비즈니스와 충실한 일상생활이라는 두 마리 토끼를 잡을 수 있으리라 생각한다. 그래서 정보 수집과 철저한 시간 관리에 매진하는 것이다.

● 동전 던지기로 결정해도 결과는 변하지 않는다

안타깝게도 이런 생각과 삶의 방식은 현대사회를 살아가는 우리가 쉽게 빠지는 함정이다.

사실 생각과 정보 수집량을 줄이면 행동력이 빨라지고 행복감이 높아져 일이나 일상생활이 여러모로 개선된다는 것이 많은 연구를 통해 알려져 있다.

'최선의 선택을 하고 싶다'라는 생각으로 많은 정보를 모으고 시간을 들여 검토하는 것이 오히려 좋지 않은 선택을 하게 만드는 경우가 적지 않다.

인간의 뇌는 의식적으로 생각하려고 하지 않아도 무의식중에 정보를 가려서 받아들인다. 오히려 의식해서 '가장 좋은 길을 선택하고 싶다'라고 생각하면 세세한 부분으로 시선이 향해 그것이 마치 중대한 일인 양 착각하기 쉽다.

시카고대학교의 경제학자 스티븐 레빗(Steven Levitt)은 인생의 중요한 선택을 하는 상황에서 스스로 결정하지 못하는 사람은 어떻게 해야 하는지 조사하기 위해 다음과 같은 동전 던지기 실험을 했다. 이를 통해 어떤 방법으로 어떤 결정을 내리는지는 별로 중요하지 않으며, 결정한 대로 마음을 굳게 먹고 행동

동전 던지기 실험

실험자 스티븐 레빗(시카고대학교)

방법 동전 던지기 사이트를 개설하여 1년 동안 사이트 방문자에게 '지금 결정하기 힘든 문제'를 적으라고 했다. 그다음 화면상의 동전을 던지게 해서 앞면이 나오면 '실행', 뒷면이 나오면 '실행하지 않음'이라는 메시지를 표시했다. 이를 통해 약 4천 명의 고민을 수집하고, 동전 던지기로 결정했을 때 삶이 어떻게 변화했는지 추적 조사했다.

결과 사이트에 올라온 고민 중 특히 많았던 것은 '현재 하고 있는 일을 그만둘지 말지', '이혼을 할지 말지'였는데, 이용자의 63퍼센트가 동전 던지기 결과에 따라 행동했다. 게다가 동전 던지기의 결과가 어떻든(회사를 그만두겠다는 결단이든 계속 다니겠다는 결단이든) 고민을 해결하기 위해 어떤 행동을 한 사람은 반년 후에 행복도가 더 높았다.

하는 것이 삶의 만족도를 높인다는 결론에 도달했다.

스티븐 레빗의 실험은 이직이나 이혼 같은 중요한 문제라도 결국 그 시점에서는 무엇이 정답인지 아무도 모르며, 동전 던지기로 결정한 결과를 자신의 길이라 여기고 나아가는 편이 행복하다는 현실주의를 가르쳐준다.

사람은 어떤 방법으로든 나아갈 길을 결정하면 그 선택을 후회하지 않는 방향으로 행동한다. 일부러 불행해지려고 행동하는 사람이 과연 있을까?

어차피 미래는 불확실하고, 인생의 길은 개척하는 것이다. 정답은 모르지만, 고민하고 헤매면서 결단하고, 행동하고, 노력하며 때로는 틀리거나 실패하면서 자기만의 길을 열어간다. 그 비효율과 불편함이 인생에 즐거움을 주며, 창의성을 발휘하게 해준다.

세상이 어떤 상황이든 빛나는 인생을 충실하게 살기 위해 우리가 할 수 있는 일은 하루 24시간 눈앞에 놓인 해야 할 일에 집중하는 것뿐이다.

도파민은 집중력을 높일까, 떨어뜨릴까?

● 뇌 내 마약, 도파민에 중독된 현대인

최근 스마트폰 중독, SNS 의존증, 기술 중독이라는 말을 자주 접한다. 스마트폰이나 SNS를 확인하지 않으면 마음이 불안해서 시간 낭비임을 알면서도 스마트폰을 손에서 놓지 못하는 상태를 가리킨다. 사실 스마트폰이나 SNS는 술, 담배, 약물에 버금가는 중독이다.

인간의 뇌는 아드레날린과 세로토닌 등의 다양한 신경전달물질을 분비해서 사고와 행동에 영향을 주는데, 목적을 달성했을 때나 타인에게 칭찬받았을 때, 맛있는 음식을 먹었을 때, 도박

이나 게임에 열중하고 있을 때 분비되는 도파민도 그중 하나다.

도파민이 분비되면 뇌의 전두엽 전 영역(prefrontal area)이 흥분해 행복감과 만족감을 느끼기 때문에 다시 한 번 그 행복감을 맛보고 싶어진다. 그래서 도파민은 '뇌 내 마약'이라고도 불린다.

도파민은 의욕을 북돋우고 집중력을 높이는 작용을 한다. 노력을 거듭해서 일이나 공부에서 성과를 냈을 때, 좋은 일을 해서 남에게 칭찬받을 때 도파민이 분비되고 다시 한 번 그 행복감을 맛보고 싶다고 생각한다면 더 노력하거나 좋은 일을 하려고 할 것이다.

그와 같이 도박, 게임, 단 음식, 알코올, 약물 등으로 도파민이 분비되었다면 그런 자극이나 쾌락을 반복해서 찾게 된다. 게다가 같은 자극으로는 도파민 분비가 서서히 감소하기 때문에 뇌는 더 강한 자극을 원한다. 도박 중독자가 점점 큰 금액을 베팅하거나 알코올중독자가 마시는 술의 양이 점점 늘어나는 것은 그 때문이다.

마찬가지로 스마트폰으로 원하는 정보를 얻거나 스마트폰 게임에 열중하거나 SNS에 올린 게시물이 많은 사람들의 반응을 얻으면 뇌에서는 도파민이 분비된다. 매일 방대한 양의 자극적인 정보가 들어오기 때문에 사람은 스마트폰이나 SNS를 사용할수록 점점 의존도가 높아진다.

그런데 스마트폰에 완전히 의존하고 있어도 도박, 알코올, 약물에 의존할 때처럼 돈을 낭비하거나 타인에게 피해를 끼치거나 죄를 추궁당하는 일은 없다. 오히려 새로운 기기를 능숙하게 사용한다거나 정보에 민감하다는 식으로 평가되는 경우도 많아 의존하고 있다는 사실을 스스로 알아차리기 어렵다.

그리고 모르는 사이에 24시간의 대부분을 스마트폰이나 SNS를 이용하는 데 소비하느라 해야 할 일에 써야 할 시간과 집중력을 빼앗긴다. SNS, 블로그, 인터넷 뉴스 등을 통해 전해지는 자극적인 정보 중에는 잘못된 정보도 많이 섞여 있다. 물론 신문이나 텔레비전 등 기존 미디어도 잘못된 정보를 흘리기는 하지만, 인터넷이나 SNS의 보급으로 누구나 제3자의 확인을 거치지 않고 진실과는 다른 정보를 전 세계에 전파할 수 있다.

게다가 진실 착각 효과(illusory truth effect)에 의해 그런 잘못된 정보를 그대로 받아들이는 사람들이 적지 않다. 진실 착각 효과는 '올바른 정보이든 옳지 않은 정보이든 여러 번 반복되면 그것이 더 진실처럼 보인다'는 의미다. 영국의 킹스턴대학교 헨더슨(Henderson) 팀의 연구에 따르면 85퍼센트나 되는 사람들에게서 진실 착각 효과가 나타날 수 있다고 한다. 80퍼센트 이상의 사람들은 설령 가짜 뉴스라고 해도 반복해서 접하다 보면 진실로 믿는다는 것이다.

엄청난 양의 정보가 쏟아지는 우리 사회에는 사람 수만큼 진실이 있다고 해도 과언이 아니다. 많은 사람들이 자신이 믿는 것, 진실이라고 생각하는 것은 올바름 혹은 선이고, 그 이외의 것은 잘못 혹은 악으로 파악한다. 그래서 자신이 진실이라고 생각한 것을 옳다고 확신시켜줄 만한, 그리고 반대 의견을 가진 사람을 꼼짝 못 하게 할 만한 정보를 갈구하게 된다(확증 편향이라고 불리는 심리학적 경향).

정보의 본래 역할은 사람들에게 진실을 알리고, 올바른 판단을 내리기 위한 재료를 제공하는 데 있다. 그런데 현대사회에서는 사람들이 누가 어떤 목적으로 흘렸는지 진위조차 불분명한 대량의 정보에 의존하면서 무수한 분단과 갈등이 일어나고 있다.

그 결과 우리는 24시간 눈앞의 일에 집중하지 못하고, 인생을 충실히 살아가는 데 자신의 시간을 사용하지 못하며, 그저 정보에 얽매이고 집착하고 휘둘린다.

미국 대통령 선거, 코로나19 바이러스, 러시아와 우크라이나 전쟁에서도 다양한 정보가 난무해 전 세계 사람들 사이에 분단과 대립이 생겨나 사람들의 시간을 빼앗지 않았던가?

현재 모든 사람들과 기관이 미디어와 인터넷 등을 통해 정보를 흘려보내고, 사람들의 시간을 낭비하고, 자신들이 원하는 방향으로 유도하는 데 주력하고 있다. 국가나 정당이 정치적 의도를 지닌 경우도 있고, 조회 수를 늘려서 이익을 내려고 하는 기업, 주목받고 싶은 사람, 자신의 사상이나 가치관에 동조하는 사람들을 모으고 싶은 사람도 있다.

자극적인 일이나 약간의 거짓을 더해 인간관계에서 편해지려고 하거나 자신에게 유리한 상황으로 끌고 가려고 한다. 이제 전 세계 사람들이 인터넷을 사용해 그런 일을 하고 있다. 이런 시대에 눈앞의 일에 집중하는 것은 한없이 어려운 일일 수밖에 없다.

다양한 정보 중에서도 특히 사람들이 얽매이기 쉬운 것이 미디어와 인터넷에서 흘러나오는 부정적인 뉴스이다. 감염병, 전쟁, 자연재해, 사건이나 사고, 정치 부패, 유명인의 스캔들……. 텔레비전, 신문, 인터넷 등에서 볼 수 있는 것은 대부분 어둡고 부정적인 뉴스이다.

미디어가 부정적인 뉴스만 내보내는 데는 이유가 있다. 사람은 부정적인 뉴스에 쉽게 반응하는 특징이 있기 때문이다. 이것은 과학적으로도 증명된 사실이다.

미시간대학교 앤아버의 스튜어트 소로카(Stuart Soroka) 팀은 전 세계 17개국의 참가자들을 대상으로 BBC 뉴스를 볼 때의 피부 전기 반응과 맥박을 측정하는 실험을 했다.

그 결과 개인차는 있었지만, 전체적으로 긍정적인 뉴스보다 부정적인 뉴스에 큰 반응을 보이는 경향이 나타났다.

이 연구와 관련해 오하이오주립대학교 이토(Ito) 팀도 "원래 인간의 뇌는 부정적인 정보에 먼저 반응하고, 우선 처리하는 경향이 있다"라고 전했다.

의식이 부정적인 것으로 향하는 경향, 부정적인 정보에 의해 뇌가 활성화되는 경향, 매사를 부정적으로 파악하는 경향을 부정 편향(negative bias)이라고 한다.

인간이 이런 기능을 갖춘 것은 생물학적으로 부정적인 정보를 먼저 처리하는 것이 위험을 피하고 생존할 수 있는 **확률을 높이기 때문이다.** 그러나 현대사회에서는 이런 부정 편향이 정보에 의존하는 원인이 되고 있다. 부정적인 정보에 의해 뇌가 자극되면 우리는 더 많은 자극을 얻기 위한 정보를 모은다.

여러분도 행복한 뉴스보다 화가 나는 뉴스, 충격적인 소식을 접했을 때 더 많은 정보를 모으고 싶어지는 마음을 느꼈을 것이다.

또한 이런 부정적인 뉴스는 분단이나 대립을 만들고, 사람들의 마음에 '내가 옳다고 증명하고 싶어', '내 정의를 확신하고 싶어', '의견이 다른 사람을 몰아세우고 싶어', '그러기 위해 더 많은 정보를 얻고 싶어'라는 강한 욕구와 나쁜 열정을 불러일으킨다. 그리하여 정보에 집착하는 사람으로 쉽게 바뀐다는 특징도 있다.

서식스대학교의 존스턴(Johnston)과 데이비(Davey)가 실시한 실험에 따르면, 부정적인 뉴스를 본 사람은 불안감을 쉽게 느낀다고 한다.

실험자 존스턴, 데이비(서식스대학교)

방법 30명의 피험자를 세 그룹으로 나누고, 첫 번째 그룹에는 긍정적인 내용의 뉴스 속보를 모은 비디오를, 두 번째 그룹에는 중립적인 내용의 뉴스 속보를 모은 비디오를, 세 번째 그룹에는 부정적인 내용의 뉴스 속보를 모은 비디오를 각각 14분 동안 보여주었다.

결과 부정적인 뉴스를 본 피험자들은 불안감이나 슬픈 감정이 증폭되었고, 뉴스와 관계없는 개인적인 걱정거리까지 부풀려 생각하거나 우울 증상 혹은 비관적 사고에 쉽게 빠지는 것으로 나타났다.

불안감도 우리를 정보에 의존하게 만들고, 해야 할 일에 집중하는 것을 방해한다.

● 우리의 뇌는 24시간 쉴 틈이 없다

정보에 지나치게 의존하다 보면 몸과 마음의 건강을 해친다.

어차피 정보를 처리하는 인간의 뇌 구조 자체는 20만 년 전과 거의 다르지 않다. 그런데 처리해야 할 정보량만 늘어나 뇌가 항상 풀가동 상태이기 때문에 인간의 뇌는 옛날에 비해 피로나 스트레스를 쉽게 느낀다.

피로와 스트레스를 개선하거나 리셋하려면 잠을 충분히 자고, 정보를 차단한 뒤 자연 속에 몸을 맡기고 머리를 비우는 시간이 필요하다. 그런데 우리는 밤중이나 잠깐 비는 시간에도 인터넷 서핑을 하고, SNS를 확인하거나 게임을 하기 때문에 잠을 충분히 잘 수도, 뇌를 쉬게 할 수도 없다.

그 결과 뇌의 피로와 스트레스가 점점 쌓이면서 기억력과 집중력 저하, 두통, 불면증, 메니에르증후군, 과민성대장증후군, 기능성위염, 고혈압, 심장신경증 등 몸과 마음에 다양한 증상이 나타나고, 개중에는 우울증에 빠지는 사람도 있다.

2010년대 전반에 일본에서 조사한 결과에 따르면 우울증에 빠지는 대학생이 증가하고 있는 현상이 인터넷 의존, 기술 의존 때문이라고 한다. 20대 무렵부터 정보에 의존하는 상태였던 30대들 중에는 그로 인해 심신의 건강을 해친 사람들이 적지 않았다.

현대사회에 넘치는 엄청난 양의 정보, 그러한 정보에 의존하

는 현상은 단지 우리에게서 방대한 시간과 집중력을 빼앗을 뿐
아니라 심신의 기능을 현저히 떨어뜨려 해야 할 일을 하지 못
하게 하고 업무 능률, 인생의 충실도와 행복도까지 크게 떨어
뜨리고 있다.

집중력은
단 2.8초 만에 무너진다

● 멀티태스킹이 집중력과 효율을 떨어뜨린다

디지털 기술이 진화하면서 여러 가지 일이 버튼 하나, 클릭 한 번, 탭 한 번으로 가능해졌다. 그러자 우리는 당연하다는 듯이 한 번에 여러 가지 일을 처리하는 멀티태스킹(multitasking)을 하게 되었다. 여러분도 다수의 안건을 동시에 진행하고, 업무 상대의 이야기를 들으면서 컴퓨터로 입력하고, 걸으면서 스마트폰으로 문자나 정보를 확인하지 않는가?

인간의 뇌 구조 자체는 20만 년 전과 거의 달라지지 않았는데도 처리해야 할 정보량은 급속도로 증가했다. 특히 부정적인 정보의 양이 증가했기 때문에 미래에 대한 불안과 우려가 커지면서 원인을 제거하거나 극복해서 불안을 해소해야 한다는 의식이 사람들을 점점 초조하게 만들고 있다. 사회의 변화 속도가 너무 빠르기에 사람들은 늘 많은 것에 신경을 써야 하고, 모든 것을 가능한 빨리 끝내야 한다는 생각에 사로잡혀 있다. 이런 점들이 지금 멀티태스킹 사회를 만든 배경이다.

많은 직장인들이 더 많은 정보와 업무를 처리하고, 생산성을 높이기 위해서는 멀티태스킹이 꼭 필요하다고 생각한다. 한 번에 한 가지 일만 하는 싱글태스킹(single tasking)은 비효율적이라고 여긴다. 동시에 여러 가지 일을 하면 한정된 시간에 더 많은 과제를 해결할 수 있다고 믿는 것이다.

그런데 인생을 효율화하고 최적화하기 위해 정보를 모으는 것이 오히려 좋지 않은 선택으로 이어지듯이 생산성을 높이기 위해 멀티태스킹을 하는 것이 오히려 생산성을 떨어뜨리는 원인이 된다.

● 인간의 뇌는 3가지 이상을 동시에 할 수 없다

원래 인간의 뇌는 멀티태스킹에 적합하지 않다. 프랑스 국립보건의학연구소의 실뱅 샤롱(Sylvain Charron)과 에티엔 쾨슐랭(Etienne Koechlin)은 싱글태스킹과 멀티태스킹을 했을 때 뇌가 어떻게 작용하는지 실험했다. 그 결과 싱글태스킹을 할 때는 전두엽에 있는 좌우 내측 전두피질이 공동으로 일하고, 멀티태스킹을 할 때는 판단력과 이성 등을 관장하는 전두엽 전 영역에 의해 여러 가지 일이 조절되어 좌우 내측 전두피질이 분할해서 작용한다는 것을 확인했다. 따라서 사람의 뇌가 동시에 추진할 수 있는 작업은 2가지가 한계라고 《사이언스》에서 밝혔다.

스탠퍼드대학교의 신경과학자 에얄 오퍼(Eyal Ophir)에 따르면 우리가 2가지 작업을 동시에 수행하고 있을 때 실제로는 뇌가 맹렬한 속도로 여러 작업을 연속적으로 전환하고 있을 뿐이라고 한다. 어떤 작업을 수행하면서 다른 작업을 할 때 뇌는 한 번 정지하고, 정보를 재편성하며, 새로운 작업과 사고를 위해 회로를 전환해야 하기 때문에 결국 시간이 걸리고 피로해진다.

멀티태스킹으로 뇌가 피로해지면 전두엽 전 영역의 기능이 약해 건망증으로 실수하고 판단력과 집중력이 떨어지거나 자율신경의 균형이 흐트러져 몸과 마음의 상태가 좋지 않게 된다.

또한 멀티태스킹은 단기 기억으로 가는 정보 유입을 방해한다고도 알려져 있다. 단기 기억에 들어가지 않는 데이터는 장기 기억으로 전송되지 않는다.

● 2.8초짜리 팝업창에도 집중력은 와르르 무너진다

오하이오주립대학교의 왕(Wang)과 체르네프(Tchernev)는 19명
의 학생을 대상으로 4주 동안 조사한 결과 멀티태스킹이 일시
적으로 가짜 만족감을 주지만 능률은 떨어진다고 밝혔다.

멀티태스킹을 하는 동안 단기적으로 효율이나 집중력이 올라
간 것처럼 느낄 수는 있지만, 뇌에서 스트레스 호르몬인 코르티
솔이 증가한다고 한다. 코르티솔은 뇌 내 기억을 관장하는 부위
에 손상을 주기 때문에 멀티태스킹을 지속하면 장기적으로 뇌
기능 저하와 뇌세포 손상을 초래해 주의력이 감소하고, 우울증
의 위험성이 커지며, 치매 같은 증상이 나타날 수도 있다.

카네기멜론대학교 저스트(Just) 팀의 연구에서는 주의가 산만
해지면 정보를 부호화하기 힘들다고 한다. 누군가의 이야기를
들으면서 운전하는 사람의 뇌 MRI를 찍었더니 주의력이 37퍼
센트나 떨어진 것으로 나타났다.

미시간주립대학교 앨트먼(Altmann) 팀의 연구에서 학생 300명
에게 컴퓨터로 집중력이 필요한 작업을 시키고, 중간에 다양한

길이의 광고 팝업창을 띄워 작업을 중단시키는 실험을 통해 학생들의 집중력이 얼마 만에 끊어지는지를 조사했다.

그러자 팝업창으로 작업이 2.8초 중단되면 실수 발생률이 2배가 되고, 4.4초 중단되면 실수 발생률이 4배가 되는 것으로 나타났다. 지금 하고 있는 작업이 2.8초만 방해받아도 생산성이 절반으로 떨어지므로 여러 작업을 병행하는 멀티태스킹으로 생산성이 올라간다고 할 수 없다.

● 멀티태스킹으로 실수가 50퍼센트 증가한다

워싱턴대학교의 존 메디나(John Medina)는 멀티태스킹을 하는 사람에게 다음과 같은 일이 일어난다고 지적했다.

· 생산성이 40퍼센트 저하된다.
· 일을 끝마칠 때까지 걸리는 시간이 50퍼센트 증가한다.
· 실수 발생률이 50퍼센트 증가한다.
· 창의성이 대폭 떨어진다.

스탠퍼드대학교 에얄 오퍼 팀의 연구에서는 멀티태스킹을

하면 기억에 간섭이 일어나 올바르게 기억하지 못하거나 과제의 전환이 잘되지 않는다고 밝혔다. 게다가 유타대학교의 왓슨(Watson)과 스트레이어(Strayer)가 100명을 대상으로 운전하면서 음성 과제를 하는 멀티태스킹 실험을 했는데, 멀티태스킹을 한 경우와 하지 않은 경우 능률에 차이가 나지 않은 사람은 불과 2.5퍼센트였다고 한다.

멀티태스킹을 하는 동안 단기적으로는 쾌락과 만족을 느낄 수 있지만, 그것은 눈앞의 일에 집중하는 뇌의 사용법과는 다르다. 멀티태스킹으로 대량의 정보를 처리하고 기술을 능숙하게 사용하는 것에 가치를 느낄수록 사람은 정보에 대한 의존도가 높아져서 장기적인 관점으로 바라보거나 내면적인 사고를 하지 못한다. 멀티태스킹을 하는 사람 또한 정보에 집착하는 사람이다.

이처럼 멀티태스킹은 다양한 형태로 우리의 집중력을 빼앗아 몸과 마음을 불안정하게 하고 능률을 떨어뜨린다. 진심으로 생산성을 높이고 싶을 때 유념해야 할 것은 지금 눈앞에 있는 일 하나, 싱글태스킹에 집중하는 것이다.

검색을 많이 한다고
인생에서 성공할까?

● 내일 할 일보다 오늘 할 일에 집중한다

인간의 뇌는 예로부터 거의 진화하지 않았는데, 왜 현대사회를 사는 우리는 정보를 모으고 여러 가지 일을 동시에 병행하려고 할까? 그것은 궁극적으로 '지금을 사는 것'이 얼마나 중요한지를 깨닫지 못하고, 알 수 없는 미래와 맞서 싸우고 있기 때문이다.

이미 말했듯이 사람들이 무턱대고 정보를 모으고 싶어 하는 배경에는 정보를 수집해서 실수나 실패를 없애고 싶은 심리가 있다. 사람들은 멀티태스킹을 하는 것이 더 생산적이라고 믿는다. 그리고 이것은 업무나 인생 전체에서 효율적으로 성공하고 싶다는 생각으로 연결된다.

그러나 아무리 정보를 많이 모아서 위기를 피하고 자신의 상황을 유리한 쪽으로 끌고 가려고 해도, 아무리 다양한 일을 동시에 처리해 생산성을 높여서 자신의 가치를 높이려고 해도, 아무리 시간 관리를 철저히 해서 인생을 통제하려고 해도, 그 앞에 비즈니스의 성공이나 풍요롭고 행복한 미래가 기다리고 있는 것은 아니다.

자신의 과거를 돌이켜 생각해보자. 정보를 많이 모아서 위기를 완벽하게 피했는가? 수집한 정보가 여러분의 인생을 크게 바꿨는가?

멀티태스킹을 해서 정말 생산성이 높아졌는가? 생산성이 높아졌다면 거기에서 무엇을 얻었는가? 불필요한 일만 늘어난 것이 아닌가? 시간 관리를 철저히 하면 얼마나 인생을 통제할 수 있을까? 시간 여유가 생겼다면 자신이 해야 할 일, 하고 싶은 일을 완수할 수 있을까?

쓸데없이 정보를 모아 생산성을 높인다고 해도 만족스럽고 행복한 인생을 살지는 않는다. 다양한 일을 잘 처리했다는 생각이 들어 정보에 의존하거나 할 필요가 없는 일에 대한 의존도만 높아질 뿐 인생에서 창조적인 일은 전혀 일어나지 않는다.

● 우리가 통제할 수 있는 것은 오늘 하루뿐이다

애초에 알 수 없는 미래와 맞서 싸우는 것 자체가 인생의 행복도를 낮추는 경우도 많다. 원하는 미래의 모습을 그려놓고, 이를 위한 최적의 답을 찾아 노력했음에도 원하는 결과를 얻지 못했다면 자신이 품었던 이상과 현실의 차이로 고통받는다.

예를 들어 과거에는 열심히 공부해서 좋은 학교, 좋은 회사에 취직하는 것이 행복한 인생을 살기 위한 최적의 답이라 생각하고 노력했는데, 현재 자신은 날마다 일에 쫓기고, 하고 싶은 일도 못 한다면 행복하다고 말하기 어렵다.

정년이 되면 넉넉한 돈과 자유로운 시간을 손에 넣어 유유자적한 생활을 할 수 있다는 생각으로 젊은 시절에 열심히 일했는데, 막상 정년이 되고 보니 체력이 떨어져 활발하게 움직이기도 힘들고, 정년 후에 하려고 했던 일이 전부 무산되기도 한다.

그 밖에도 승진하면, 이직하면, 결혼하면 훌륭한 미래에 도달할 수 있다고 생각했는데, 그렇게 되지 않았다는 생각에 괴로움이나 억울함을 느끼는 사람도 많다.

미래에 많은 것을 얻기 위해 열심히 한다고 해도 그것이 이루어진다는 보장은 없다. 또한 현재에 불만이 있다고 해서 과거를 바꿀 수도 없다. 우리는 미래도 과거도 통제할 수 없다. 그렇다면 우리가 통제할 수 있는 것은 무엇일까? 지금, 즉 하루 24시간이다.

효율화를 위해 정보를 찾아다니거나 생산성을 높이기 위해 멀티태스킹을 하거나 시간 관리에 목을 매는 것을 중단하자. 꿈꾸던 인생을 손에 넣기 위해 미래에 희망을 거는 일을 멈추고, 현재로 눈을 돌리는 것이 중요하다는 사실을 직시하자.

오늘 해야 할 한 가지 일을
정하고 집중해서 처리한다.
우리가 확실히 할 수 있는 일은 그것뿐이며,
이런 일이 축적되다 보면 일에서
성공을 거둘 뿐 아니라
만족스럽고 행복한 인생이
따라올 것이다.

Preparing to 'Focus' for 24 hours

PART
02

24시간에
집중하기 위한
준비

집중력을 훔쳐가는
것들의 정체

● 우리는 왜 불안한가?

지금까지 눈앞의 일에 집중하는 데 방해가 되는 정보나 멀티 태스킹 등에 대해 이야기했다. 이제는 불안감에 대해 생각해 보자.

최근 세상에 대해 불안감을 느끼는 사람들이 급격히 늘고 있다. 일본의 하쿠호도(博報堂) 생활종합연구소가 20~69세의 남녀를 대상으로 1992년부터 격년으로 실시하는 '생활자 의식 조사 정점 관측'에 따르면, 2020년의 조사에서 "세상일로 걱정되거나 불안한 점이 많습니까?"라는 질문에 "많다"고 대답한 비율이 77.7퍼센트였다.

2018년의 57.7퍼센트보다 약 20퍼센트 증가했다. 연령대별로 보면 50대가 84.2퍼센트로 전체보다 약 6퍼센트 높았고, 20대는 전체보다 약 7퍼센트 낮은 70.5퍼센트였다.

2020년에 불안감을 느끼는 사람들이 급증한 이유로는 코로나19 바이러스 감염이 전 세계적으로 확산되면서 요식업계와 관광업계를 비롯한 여러 업계가 이전처럼 일할 수 없게 되었기 때문이다. 이로 인해 경제적 피해를 입었을 뿐 아니라 이전까지 유지해온 사회 규칙 등이 모두 바뀌었다. 또한 앞으로 사회가 어떻게 될지 어느 때보다 불투명해졌고, 미디어나 SNS 등을 통해 매일 흘러나오는 부정적인 정보도 큰 영향을 주었다.

그래서 '앞으로 사회가 어떻게 될까?' '나는 어떻게 될까?'라는 불안감을 느끼는 사람이 적지 않은 것이다.

● 불안감을 부추기는 알고리즘의 노예

물론 불안감을 느껴도 "지금 생각한다고 무슨 소용이 있어"라고 잘라내고, 눈앞의 일에 집중한다면 문제없다. 하지만 많은 사람들이 불안감에 휩싸이면 집중하는 데 어려움을 겪는다.

"새로운 감염병이 외국에서 유행하기 시작했습니다."

"경제 위기가 다가오고 있습니다."

"세계 어딘가에서 전쟁이 일어났습니다."

이런 부정적인 뉴스를 들으면 그 진위를 확인하기 위해, 혹은 조금이라도 불안감을 덜기 위해 더 자세한 정보를 찾는다. 하지만 정보를 파고들수록 진위가 확실하지 않은 새로운 정보가 연이어 나와서 결국 불안감은 사라지지 않은 채 그저 인터넷 서핑에 시간을 허비하게 된다.

'요즘 상사가 차갑게 대하는데, 날 싫어하는 건 아닐까?'

'마감이 바로 코앞인데 작업이 밀리고 있어. 무사히 끝낼 수 있을까?'

'회사 실적이 영 좋지 않네. 앞으로 월급이 줄어들거나 해고되면 어쩌지? 이직할 수 있을까? 주택담보대출은 갚을 수 있으려나.'

이런 생각으로 불안감에 사로잡히면 일이 손에 잡히지 않는다. 밤에 잠이 안 와서 컨디션이 무너지거나 업무 능률이 떨어지기도 한다. 이런 경험을 해본 사람들이 많을 것이다. "나는 항상 눈앞에 놓인 해야 할 일에 집중하고 있어"라고 당당히 말할 수 있는 사람이 오히려 더 적을 것이다.

불안감을 느끼면 대뇌변연계(limbic system)가 활성화되어 전두엽 전 영역의 기능이 억제되기 때문에 냉정한 판단을 내리기 어려워진다. 자신과 관계없는 사건이나 영원히 답이 나오지 않는 일에 대해 '생각한다고 해도 해결되지 않아'라고 잘라내지 못하고, 머릿속이 불안으로 가득 차서 업무나 해야 할 일에 집중하지 못해 자꾸 뒤로 미룬다. 그러면 자신이 해야 할 일을 하고 있지 않은 것 같아 초조해지고, 이대로 괜찮은지 불안이 점점 더 커진다. 이런 악순환에 빠지면 사람은 더욱더 눈앞의 일에 집중할 수 없다.

모든 불안 요소를 제거하고 안전하고 효율적으로 진행하고 싶다는 생각 때문에 오히려 눈앞에 해야 할 일을 하기보다 정보, 특히 부정적인 뉴스를 모으는 일을 우선 하게 된다.

그렇다면 우리는 어떻게 해야 불안감에 현혹되지 않고, 눈앞의 해야 할 일에 집중해서 일에 대한 동기부여와 능률을 높일 수 있을까?

미래를 위해 오늘의 시간을
소비하는 것의 실체

● 불안감은 원래 살아남기 위한 무기

인생은 선택의 연속이다. 우리는 매일 아침에 일어나는 순간부터 우선 처리할 안건, 비즈니스를 성공시키기 위한 전략까지 하루에도 수천 번 가까이 선택을 반복한다. 그렇다면 사람들은 무엇을 기준으로 선택할까?

아마 많은 사람들이 더 나은 미래를 얻기 위한 선택을 한다고 생각할 것이다. 하지만 사실 많은 선택이 불안감을 바탕으로 이루어진다. 어느 정도 어려움을 겪더라도 성공하고 싶다거나 인생을 충실히 살고 싶다는 적극적이고 긍정적인 생각보다는 실패하고 싶지 않아서, 고생하고 싶지 않아서, 경력에 금이 가고 싶지 않아서라는 소극적인 생각이 선택을 좌우한다. 미래에 일어날지도 모르는 리스크를 피하고자 하는 마음이 큰 것이다.

아득한 옛날에는 불안감이 살아남기 위한 무기가 되었다. 석기시대에 인간은 항상 생명의 위험에 처해 있었다. 언제 동물에게 습격당할지, 언제 기후가 급변할지 몰랐고, 현대에는 아무것도 아닌 상처나 질병도 그때는 목숨을 잃을 정도의 치명상이었다. 자신의 몸을 지키고 살아남으려면 주위 환경을 항상 주의 깊게 살피면서 사소한 변화도 위험한 것인지 아닌지를 판별해야 했다.

그래서 불안감은 생존에 필요한 감정이었다. 언제 발생할지 모르는 위험을 경계하고, 신중하게 대비할 수 있기 때문이다. 석기시대에는 사소한 일이라도 불안을 느끼는 편이 생존에 유리했다. 그리고 불안감을 느꼈기에 사람들은 불안의 씨앗을 제거하기 위해 연대하고 협력하며, 열심히 일하고 다양한 발명을 거듭해왔다.

●적당한 불안감은 의욕의 원천

진화심리학적으로 석기시대부터 사람의 마음이 작용하는 메커니즘은 변하지 않았다. 생물은 아득히 오랜 세월 동안 진화하지만, 현대 문명이 생겨난 후부터 오늘날까지의 시간은 인류의 오랜 역사에서 지극히 짧은 순간이다.

아무리 문명이 발달하고 사소한 일로 목숨을 잃을 가능성이 줄었다고 해도 우리의 몸과 마음은 석기시대 그대로이며, 불안감을 완전히 놓을 만큼 진화하지 않았다. 그래서 불안감을 느끼는 것을 새삼스럽게 부정적으로 볼 필요도 없고, 불안감을 전부 없앨 필요도 없다. 인류가 태곳적부터 함께한 불안이라는 감정을 완전히 없앨 수는 없다. 우리가 불안감을 느끼는 것은 당연한 일이고, 적당한 불안감은 의욕의 원천이 되기도 한다.

그러나 불안감이 지나치면 업무나 해야 할 일이 손에 잡히지 않고, 때로는 몸과 마음에 병이 생길 수도 있다. 그래서 불안감과 잘 지내고, 불안감을 조절하는 것이 중요하며, 그러기 위해서는 불안감의 정체를 알아야 한다.

● 불안해하는 일의 90%는 실제로 일어나지 않는다

불안감은 미래에 일어날지도 모르는 위험을 대비하는 데 어느 정도 도움이 될 수도 있다. 하지만 선택의 기준으로 삼거나 행동의 지침으로 삼아서는 안 된다. 불안감에 사로잡혀 그것을 바탕으로 내린 판단은 별 의미가 없다. 왜냐하면 사람이 불안해하는 일의 90퍼센트는 실제로 일어나지 않기 때문이다.

시드니대학교의 마리안나 자보(Marianna Szabo)와 뉴사우스웨일스대학교의 피터 로비본드(Peter Lovibond)가 실시한 고민에 관한 조사에 따르면, 48퍼센트의 사람들이 고민하는 것은 문제 해결 과정에 있었다고 한다. 절반가량의 사람들이 '이 문제를 어떻게 해결해야 할까?'에 대해 고민하고 있었다.

또한 이 조사에서는 '결과를 바꿀 수 없다고 생각하는 사람일수록 다양한 해결법을 부정적으로 파악한다'는 경향도 나타났다. '이 문제를 어떻게 해결해야 할까?'라고 고민하면서도 '이건 어떤 방법으로도 안 돼'라고 믿기 때문에 문제를 해결하기 위해 움직이지 않는다.

한마디로 많은 사람들이 일어난 문제 자체로 고민하는 것이 아니다. 예를 들어 직장에서 실수했을 때 '상사와 먼저 상의해야 하나? 욕먹으면 어쩌지. 월급이 깎일지도 몰라. 얘기 안 하고 넘어갈 수는 없을까? 그랬다가 들키면 더 큰일이겠지'라는 식으로 생각한다. 문제 해결을 위한 방법보다는 아직 일어나지도 않은 미래의 결과를 두고 고민하는 것이다.

이런 사람들은 다른 일이 일어나지 않는 한 계속 고민한다는 특징도 있다. 뒤집어 생각해보면, 더 신경이 쓰일 만한 일이 생기면 잊어버릴 정도의 문제로 고민하고 있다는 것이다.

펜실베이니아대학교 톰 보코벡(Tom Borkovec) 팀은 "걱정거리의 79퍼센트는 실제로 일어나지 않고, 16퍼센트의 사건은 미리 준비하면 대처할 수 있다"라는 연구 결과를 발표했다. 걱정거리가 현실이 될 확률은 단 5퍼센트이며, 대부분 실제로 일어나지 않거나 적절히 준비하면 실제로 일어나도 얼마든지 극복할 수 있다.

● 지금 느끼는 불안은 1년 후에 기억하지 못한다

지금 느끼는 불안감은 1년 후에 분명 잊어버릴 것이다. 에빙하우스 망각 곡선을 아는가? 19세기 독일의 심리학자 헤르만 에빙하우스(Hermann Ebbinghaus)가 다음과 같은 방법으로 시간의 경

기억의 변화(망각 곡선) 실험

실험자 헤르만 에빙하우스

방법 자음, 모음, 자음으로 이루어진 의미 없는 3개의 알파벳을 피험자에게 외우게 한 뒤 시간과 절약률(기억률)의 관계를 조사했다.

결과 20분 후 절약률은 58퍼센트, 1시간 후 44퍼센트였다. 약 9시간 후에는 35퍼센트, 1일 후에는 34퍼센트, 2일 후에는 27퍼센트, 6일 후에는 25퍼센트, 한 달 후에는 21퍼센트였다.

과에 따라 사람의 기억이 어떻게 변화하는지 연구한 이론이다.

절약률(기억률)이란 한 번 기억한 내용을 다시 완전히 기억하는 데 필요한 시간을 얼마나 절약할 수 있는지를 나타내는 것이다. 이 연구 결과는 시간이 지날수록 외운 것을 쉽게 잊어버린다는 점을 간접적으로 보여준다.

인간은 정말 잘 잊어버리는 동물이다. 하지만 잊는 것이 꼭 나쁘다고 할 수는 없다. 가령 불쾌한 일, 직장에서 저지른 실수, 인간관계의 고민거리, 그리고 무언가에 느꼈던 불안감도 잊어버린다. 지금 불쾌한 감정에 사로잡히거나 고민 또는 불안 감에 지배당하고 있더라도 한 달 후, 1년 후에는 완전히 불필 요한 일일 가능성이 크다.

인간이 불안감을 느끼는 것은 당연하지만, 불안해하는 일의 90퍼센트는 실제로 일어나지 않고, 지금 느끼는 불안도 1년 후 에는 잊어버린다. 그렇게 생각하면 불안이라는 감정을 조금 냉 정하게 파악할 수 있을 것이다. 그러면 세상에 부정적인 정보 가 넘쳐나더라도 쓸데없이 불안해하거나 불안감을 근거로 중 요한 선택을 하는 일은 없을 것이다. 괴테는 이렇게 말했다.

"무엇을 해야 할지, 어떻게 해야 할지 생각하기만 한다면 아 무것도 하지 않는 사이에 얼마나 많은 세월이 흘러가겠는가."

우리는 사실 언제든 자기 일에 집중하는 동시에 시간을 효율 적으로 쓰고 싶어 한다. 그러나 아직 오지도 않은 미래에 대한 불안감으로 불쾌한 미래를 예상하고 지금 이 순간을 계속 잃는 경우가 얼마나 많은가?

불안감은 얼마든지 고개를 내밀고, 살아 있는 한 함께하는 존재다. 지금까지도 계속 그래 왔던 것처럼 말이다. 하지만 다 음을 명심하자.

• 불안해하는 일의 95퍼센트는 실제로 일어나지 않는다.

• 지금 자신이 느끼는 불안감을 1년 후에는 기억하지 못한다.

각국의 연구자들이 도출한 이 연구 결과는 우리에게 불안과의 싸움에 지지 말고 앞으로 나아가라고 알려준다.

불안감에서 탈출하고
생각하는 뇌를 움직인다

●불안한 것들을 글로 적어 냉정함을 되찾는다

이제부터는 불필요한 불안감에 시달리고 있을 때, 그것을 일
시적으로 떨치기 위한 방법을 알아보자. 먼저 자신이 무엇에
불안감을 느끼는지 생각해보고 글로 적어본다.

감정이나 생각을 쓰는 것만으로 부정적인 감정을 줄이고, 냉
정한 마음을 되찾을 수 있다. 예를 들어 시카고대학교의 제라
도 라미레즈(Gerardo Ramirez)와 샨 베일록(Sian Beilock)이 진행한
실험에 따르면 감정이나 생각을 적으면 불안감이 해소되고, 정
확한 판단을 내리게 된다고 한다.

실험자 제라도 라미레즈, 샨 베일록(시카고대학교)

방법 대학생들에게 예비 테스트를 받은 후 실전 테스트를 받게 했다. 실전 테스트는 내용이 어렵고, 점수에 따라 돈을 받을 수 있다. 시험을 보고 있을 때의 모습은 비디오로 촬영하고 나중에 교원과 학생이 영상을 함께 보기로 했다. 테스트를 받을 피험자는 3개의 그룹으로 나뉘어 테스트 전 10분 동안 각각 다음 행동을 한다.

① 아무것도 하지 않고 조용히 앉아서 시간을 보낸다.
② 테스트에 대한 자신의 감정과 생각을 적는다.
③ 지금의 기분과는 전혀 관계없는 것을 적는다.

결과 ①과 ③그룹의 실전 테스트 정답률은 예비 테스트보다 7퍼센트 낮았고, ②그룹의 정답률은 4퍼센트 높았다.

불안과 분노, 슬픔 등 부정적인 감정은 일시적인 감정을 담당하는 대뇌변연계의 반응에 의해 생겨나지만, '생각하는 뇌'라고도 불리며 사고와 이성을 담당하는 대뇌 신피질(neocortex)이 작용하면 대뇌변연계의 반응을 억제할 수 있다.

머릿속에 있는 흐릿한 감정이나 생각을 글로 쓰려면 내가 무엇 때문에 불안을 느끼고 있는지 객관적으로 사고하고 분석할 필요가 있다. 뭔가를 분석할 때는 대뇌 신피질, 특히 전두엽이 활발하게 작용한다.

라미레즈 팀의 실험에서 불안감을 글로 적은 그룹은 감정과 생각을 분석하는 작업을 통해 전두엽이 작용하고 대뇌변연계의 반응이 억제되었기 때문에 불안감을 내려놓고 냉정함을 되찾을 수 있었다.

또한 사람은 정체를 알 수 없는 것에 특히 불안을 느낀다. 한 번이라도 만난 적이 있는 상대보다 한 번도 만난 적이 없는 상대 앞에서 프레젠테이션하는 경우에 전략을 세우기 어렵고 더 불안하다. 몸 상태가 좋지 않을 때 원인이나 병명을 모르면 치료법을 찾을 수 없어서 더 불안하다.

마찬가지로 자신이 무엇에 불안을 느끼는지, 불안해하는 것의 정체가 무엇인지 알지 못하면 어떻게 대처할지를 몰라서 불안감이 더욱 커진다. 그러나 어떤 안건을 수락할지를 판단할 때 막연한 불안감을 느꼈다고 해도 자신이 그 일을 해결할 능력이 되는지, 스케줄에 맞출 수 있는지 몰라서 불안하다는 식으로 불안함의 정체를 알면 마음이 안정된다. 그러면 그 일을 잘하는 사람에게 협력을 구하거나 같이 일할 사람을 늘리거나 마감 기한을 연장하는 등 불안감을 해소하기 위한 구체적인 방안을 강구할 수 있다.

불안감의 정체를 알아내기 위해서라도 글로 쓰는 것이 중요하다.

● 부정적인 감정은 글로 쓰는 순간 사라진다

미국 텍사스주에 있는 서던메소디스트대학교의 제임스 페니베이커(James Pennebaker) 팀은 다음 실험을 통해 부정적인 감정을 적어나가면 일시적으로 부정적인 감정이 강해지지만, 결국에는 긍정적인 감정이 생겨나 정신적으로 안정된다고 밝혔다.

참고로 글을 쓸 때 '생각한다, 느낀다, 이해한다' 등의 통찰하는 단어를 많이 사용한 사람일수록 부정적인 감정이 줄어들었다. 통찰하는 단어를 사용하려면 자신의 감정이나 생각을 더 객관적으로 바라보고 깊이 파고들어야 하며, 분석하는 과정에서 전두엽의 기능이 활발해진다.

그 외에 노스캐롤라이나주립대학교 클라인(Klein)과 노스텍사스대학교 볼스(Boals) 팀의 실험 결과, 부정적인 체험이나 감정을 적어나가면 불안감이 사라지고, 불필요한 생각이 줄어들

하루 15분 쓰기 실험

실험자 제임스 페니베이커 팀(서던메소디스트대학교)

방법 피험자를 ① 자신의 부정적인 감정에 대해 적는 그룹, ② 감정이 아닌 방 안의 모습 등 사실적인 내용을 적는 그룹으로 나누어 매일 글을 쓰게 했다.

결과 하루 15분, 부정적인 감정에 대해 4일간 계속 써나가면 일시적으로는 부정적인 감정이 강해지지만, 장기적으로는 긍정적인 감정으로 바뀌었다. 실험한 지 4개월 후, ①그룹은 기분이나 감정이 개선되었고, 몸이나 정신 상태가 안 좋은 일수나 건강 센터를 방문하는 횟수가 줄어들었다.

며, 뇌의 단기 기억(working memory, 작업 기억)이 개선되는 것으로 나타났다.

불안뿐 아니라 분노나 슬픔에 시달려 업무나 해야 할 일이 손에 잡히지 않을 때도 자신이 무엇 때문에 화가 나는지, 무엇 때문에 슬픔을 느끼는지 글로 써보자. 부정적인 감정이 억제되어 냉정함을 되찾고, 적절한 판단을 내리거나 구체적인 행동을 하게 되며, 능률도 향상될 것이다.

실험자 클라인(노스캐롤라이나주립대학교), 볼스(노스텍사스 대학교)

방법 35명의 신입생들은 대학에 들어간 기분과 감상을 매일 20분, 2주에 걸쳐 적고, 다른 36명의 신입생들은 대학과 상관없는 일반적인 주제로 글을 쓴다.

결과 7주 후 전자의 그룹이 후자의 그룹보다 정신적인 부분뿐 아니라 작업 기억이 대폭 개선되었다. 또 다른 실험에서는 부정적인 체험을 글로 쓴 34명의 그룹이 긍정적인 체험을 쓴 33명의 그룹과 일반적인 주제로 글을 쓴 34명의 그룹보다 작업 기억이 개선되어 불필요한 생각이 줄어들었다.

● 좋은 기억만을 남겼을 때의 효과

불안이나 짜증 같은 부정적인 감정을 품었을 때는 그 감정에서 의식을 돌리는 것도 중요하다. 부정적인 감정으로 의식이 향하면 연쇄적으로 부정적인 감정이 일어나기 때문이다.

미시간대학교 브래드 부시먼(Brad Bushman) 팀의 실험에 따

짜증과 공격성 실험

실험자 브래드 부시먼 팀(미시간대학교)

방법 피험자를 ① 짜증에 대해 생각하는 그룹, ② 짜증에 대해 생각하지 않는(관계없는 생각을 하는) 그룹으로 나누어 작업을 실시하게 했다.

결과 ①그룹은 ②그룹보다 동료에게 공격적이었고, 작업을 잘 못하는 사람에게 싫은 소리나 비판을 했다.

르면 짜증이 짜증을 부르며, 마음에 들지 않는 일, 불쾌한 일이 일어나면 사람은 더 공격적인 상태가 된다고 한다.

불안은 분노를 일으키기도 한다. 불안을 느꼈을 때는 전혀 관계없는 작업에 손을 대는 등 의식을 다른 데로 돌리면 새로운 불안이나 분노를 억제할 수 있다. 부정적인 성향이 강한 사람은 부정적인 뉴스나 불안한 기분을 불러일으키는 것들을 멀리할 필요가 있다.

베이징사범대학교 류(Liu) 팀이 실시한 실험에 따르면 부정적인 감정을 안고 잠들면 그 감정이 다음 날까지 이어진다고 한다.

수면과 기억 실험

실험자 류 팀(베이징사범대학교)

방법 남성 73명에게 동물 사체나 권총을 겨누는 장면 등 혐오스러운 52장의 사진과, 이에 관련된 남녀의 표정 사진을 이틀 동안 보여주며 기억하게 한 뒤 총 네 그룹으로 나누어서 수면이 기억에 미치는 영향을 조사했다. ① 사진을 다 보고 나서 30분 후에 얼마나 기억하는지 테스트한 그룹, ② 사진을 다 보고 그대로 잠잔 다음 날 테스트를 진행한 그룹, ③ 사진을 다 본 뒤에 미인의 사진을 보여주는 식으로 기분 전환을 하고, 30분 후에 테스트한 그룹, ④ ③그룹과 마찬가지로 기분 전환을 한 뒤에 잠자고 다음 날 테스트한 그룹.

결과 ①그룹과 ②그룹은 차이가 없었지만, ③그룹보다 ④그룹은 혐오스러운 사진에 대한 기억이 3분의 1로 감소했다.

잠자는 동안 기억이 정착한다는 것은 잘 알려져 있지만, 싫은 기억일수록 쉽게 남기 때문에 부정적인 감정이 들었을 때는 즐거운 기분으로 전환하고 나서 잠자는 것이 좋다.

부정적인 감정을 지우고 싶을 때는 새로운 행동을 하거나 환경을 조금 바꾸는 것도 효과적이다. 미국 노터데임대학교 가브리엘 라드반스키(Gabriel Radvansky) 팀의 연구에 따르면 단지 방을 옮기기만 해도 '문을 연다'는 새로운 자극으로 뇌의 작업 기억이 자극되어 직전의 기억이 덮어진다고 한다.

참고로 불안감은 '태핑(tapping)'으로도 해소할 수 있다. 태핑이란 손가락 전체로 톡톡 두드리는 동작으로, 태핑을 하는 부위는 이마, 눈썹, 눈꼬리, 눈밑, 턱, 쇄골도 상관없다. 최소 30초 정도 태핑을 하면 효과를 볼 수 있다.

태핑은 EFT(Emotional Freedom Techniques, 감정 해방 기법)라는 스트레스 해소법으로 알려져 있으며, 벤구리온대학교의 클론드(Clond)는 2016년에 EFT에 관한 과거 연구를 종합적으로 검토한 메타 분석을 통해 "EFT는 불안감을 해소하는 데 효과가 있다"라고 결론지었다.

불필요한 불안감을 내려놓고, 24시간을 더욱 충실하게 보내기 위한 방법은 여러 가지 있지만, 우선 이런 방법들을 실천하고 자기 분석을 하면서 행동을 바꿔보자.

의욕을 북돋우는
나만의 마법 단어

● 말하는 대로 이루어지는 신비한 뇌

불안감은 어떻게 보면 전략적 무기가 된다. 특히 비즈니스에서 불안감을 느낄 때는 한 방에 역전할 큰 기회일 수도 있다. 기본적으로 큰 과제나 문제에 직면한 상황에서 불안감을 느끼기 때문이다.

현재 자신의 힘으로 해결할 수 있을지 알 수 없는 과제에 직면했을 때, 과거에 많은 사람들이 도전했다가 실패한 과제에 뛰어들 때, 자신이 서툰 분야에 관여할 때 등 리스크가 높은 상황에서 불안감도 커진다.

하지만 불리한 상황에서도 사업을 성공시키거나 자신의 약점을 극복해낸다면 쉬운 과제를 해결하거나 자신이 잘하는 분야에서 성공했을 때보다 높은 평가를 받을 수 있고, 자기 긍정감도 높아진다.

리스본대학교의 저명한 신경학자 안토니오 다마지오(Antonio Damasio)는 "감정을 억제하는 것이 더 나은 결정으로 이어진다는 것은 잘못이다"라고 말했고, 하버드대학교의 데이비드 브룩스(David Brooks)는 "약간의 불안감이나 긴장감이 없으면 높은 능률을 발휘할 수 없다"라고 말했다.

불안감이 지나치면 일이 손에 잡히지 않거나 판단을 잘못할 수 있다. 하지만 적당한 불안감을 느낄 때는 상황을 더 객관적이고 신중하게 볼 수 있고, 불안감을 해소하려고 노력하거나 필사적으로 대처하려고 한다.

● 우리의 뇌는 긍정적인 말을 좋아한다

누구나 간단히 능률을 높일 수 있는 방법이 있다. 불안을 느낀다면 "나 지금 설레(흥분)"라고 바꿔 말하면 된다.

데이비드 브룩스는 300명의 피험자를 여섯 그룹으로 나눠서 수학 시험, 노래방 기계로 노래하기, 사람들 앞에서 2분 이상 연설하기 등을 실시했다. ① 실험 전에 "나 설레"라고 소리 내어 말한 그룹, ② 실험 전에 "나 불안해"라고 소리 내어 말한 그룹, ③ "나 침울해"라고 소리 내어 말한 그룹, ④ "나 화났어"라고 소리 내어 말한 그룹, ⑤ "나 슬퍼"라고 소리 내어 말한 그룹, ⑥ 실험 전에 아무 말도 하지 않은 그룹.

실험 결과, "나 설레"라고 말한 그룹은 수학 시험에서 가장 우수한 성적을 냈고, 노래 점수의 정확성, 연설에서 설득력, 일 처리 능력, 자신감, 지속성 등의 평가 점수가 올라갔으며, 연설의 길이도 늘어났다.

뇌는 편안할 때보다 흥분할 때가 더 긍정적인 상태라고 한다. 비유하자면 편안할 때는 엔진이 쉬는 상태이고, 흥분할 때는 시동이 걸려 있어 능률이 높은 상태이다. 그래서 불안하거나 긴장될 때 억지로 뇌를 진정시키기보다 흥분 상태로 만들면 더 강한 힘을 발휘할 수 있다. 긴장이 최고조에 달했을 때, "나 설레"라고 말하면 뇌를 속일 수 있다는 것이다. 반대로 긴장하고 있을 때 스스로 "진정해"라고 말하면 오히려 더 긴장된다는 것도 브룩스의 연구 결과를 통해 밝혀졌다.

불안감을 느끼면서 일을 낮은 수준으로 해결한다면 크게 성장할 수 없다. 불안감을 느낄 때 자신을 흥분 상태로 끌어올려 능률을 높이고 성과를 낼 수 있는 사람은 세상을 헤쳐 나갈 수 있다. "나 설레(흥분)"라는 식으로 용기를 북돋우는 말을 나는 매직워드(magic word, 마법의 단어)라고 부른다.

사람은 하나의 행동 패턴이 모든 행동 패턴으로 전파된다. 예를 들어 정보가 너무 많아지면 스스로 생각하는 것을 포기하는 경향이 있다. 이러한 상황이 계속되면 어떤 일을 할 때 스스로 생각하기보다 인터넷 검색을 먼저 하려고 한다.

일을 시작할 때나 아이에게 무언가를 가르칠 때 생각하는 것이 아니라 일단 검색부터 하지 않는가? 혹은 무심코 일을 미루거나 중간에 관두지 않는가? 그럴 때는 용기를 북돋우는 매직워드를 말해보자.

나는 "뒤로 미루는 건 바보나 하는 짓이야"라는 매직워드를 자주 사용한다. 졸리고, 피곤하고, 내일 하고 싶다는 마음이 들 때 "뒤로 미루는 건 바보나 하는 짓이야"라고 소리 내어 말하고, 해야 할 일에 착수한다. 짧든 길든 상관없으니 자기만의 매직워드를 몇 개 준비해보자.

운이 좋다고 믿기만 해도
인생이 바뀐다

● 머리로 생각하기 전에 몸부터 움직인다

불안한 상황을 기회로 바꿀 수도 있지만, 불안감이 지나치게 크면 판단 착오를 일으키기 쉽고 집중력이나 능률이 떨어진다. 그렇다면 어떻게 해야 불필요한 불안감을 멀리할 수 있을까? 답은 간단하다. 어쨌든 오늘 해야 할 일 하나를 정하고 그 작업을 시작하면 된다.

뇌 구조를 생각하면 기합을 넣거나 생각을 바꾸는 것만으로는 눈앞의 일에 집중할 수 있는 의욕이 쉽게 생기지 않는다. 의욕은 실제로 작업을 시작해야 비로소 생기고, 작업하는 동안 깊은 집중

상태로 들어간다. 내키지 않는 일, 손이 많이 가는 일은 하기 싫고 귀찮아서 선뜻 시작하기가 쉽지 않은데, 막상 해보면 의외로 푹 빠져서 집중하는 경험을 대부분 해봤을 것이다.

인간의 의욕은 뇌의 담창구(globus pallidus)라는 부위에서 담당한다. 의욕을 내려면 담창구가 기능해야 하는데, 몸을 움직이는 일, 일단 구체적인 행동을 시작해보는 것이 가장 좋다.

뇌 연구로 잘 알려진 도쿄대학교의 이케가야 유지 교수와 가미오오카 도메의 《뇌 속이기 – 의욕의 비밀》에서도 의욕이 나지 않을 때는 "머리로 생각하기보다 몸을 움직인다", "의욕이 나기 때문에 주먹을 올리는 것이 아니라 주먹을 올리기 때문에 의욕이 나는 것이다"라고 했다.

불안하다고 해서 눈앞의 일에 집중하지 않으면 언제까지나 불안감이 사라지지 않고, 해야 할 일을 하지 않는다는 초조감이 더해져 불안감이 점점 커지는 악순환에 빠진다.

하지만 일단 불안감을 제쳐두고 지금 해야 할 일을 시작하면 의욕이 생기고 집중력이 높아지며 쓸데없는 생각, 부정적인 생각이 사라진다. 불안감에 사로잡히는 시간이 줄어들고, 집중력이 더욱 높아져 일이 잘 풀리는 선순환이 생겨나 행복감도 얻을 수 있다.

불안감을 줄이고 최적화된 상태에서 인생을 살고 싶다는 생각은 현대 사회에 만연한 함정이라고 할 수 있다. 내일 자신의 목숨이 어떻게 될지 모르고, 내일 사회가 어떻게 될지 모르는 상태에서는 미래를 위해 지금을 희생하자는 생각을 하지 못한다. 하지만 지금의 평화로운 상태가 오래 지속되리라는 것도 환상이다.

어느 시대, 어느 사회이든 사람의 일생은 지금이 축적되어 만들어지는 것이다. 그러므로 불안감을 안은 채 지금 할 일에 대한 동기부여나 집중력이 떨어져 능률이나 성과가 오르지 않는 사람은 일단 해야 할 일에 착수하자. 그렇게 할 일에 집중하고 능률을 높여서 성공 체험을 쌓아나가자. 그러면 불안은 점점 멀어지고 만족스럽고 행복한 인생을 살게 된다.

● '아자 아자', '으쌰'는 실제로 효과가 있다

의욕을 북돋우고 능률을 올리는 데는 소리 내어 말하는 것도 효과적이다. 리옹대학교 라바히(Rabahi) 팀의 실험에 따르면 소리 내어 말하면서 동작을 하면 능률이 향상된다고 한다. 이 실험에서는 피험자에게 "점프!"라고 말한 뒤 수직뛰기를 하라고 했더니 아무 말 없이 실시했을 때보다 평균 6퍼센트 더 높게

뛰었다고 한다.

드렉셀대학교의 로돌리코(Rodolico) 팀은 피험자들에게 악력 측정기를, ① 숨을 들이마시면서, ② 숨을 내쉬면서, ③ 소리를 내면서 잡으라 하고 각각의 악력을 측정했다. 그 결과 ③일 때는 ①에 비해 25퍼센트, ②에 비해 11퍼센트나 악력이 강하게 나왔다.

우리가 몸을 일으키거나 힘을 주고 싶을 때 저도 모르게 "영차"라고 말하는 것도, 격투기를 하는 사람이 펀치나 킥을 반복할 때 무심코 "쉿! 쉿!" 소리를 내는 것도 같은 맥락이다. 일명 기합을 넣는 것이다.

나도 도저히 의욕이 나지 않을 때는 "지금 바로 후다닥 해치우자"라고 소리 내어 말하고 행동한다. 이처럼 집중하고 싶을 때, 능률을 올리고 싶을 때 효과적인 자기만의 단어를 정하고 어떤 일을 하기 전에 소리 내어 말해보자.

● '운이 좋다'는 주문을 외워라

불안감을 떨치는 데는 '나는 운이 좋다'라고 생각하는 것도 효과적이다. 믿음의 힘이 얼마나 중요한지는 쾰른대학교 다미

슈(Damisch) 팀의 연구에서도 밝혀졌다.

그들은 피험자들에게 골프 퍼팅을 하게 했고, 그중 절반에게만 "당신이 치는 것은 행운의 공입니다"라고 전달했다. 그러자 행운의 공이라는 말을 들은 사람들이 홀컵에 공을 넣는 비율이 10구 중 평균 6.75회, 그 말을 듣지 못한 사람들은 평균 4.75회로 나타났다.

또 하트퍼드셔대학교 리처드 와이즈먼(Richard Wiseman)의 조사에 따르면 '나는 운이 좋다'라고 믿는 사람들은 신문에서 눈에 잘 띄지 않게 실린 상금 획득 정보를 발견하고 상금을 가져갈 확률이 높다고 한다. 이 조사 결과를 근거로 와이즈먼은 "운이 좋다고 믿기만 해도 주위의 시선도 호의적으로 바뀌어 생활에 변화가 나타난다"라고 말했다.

본래 약효가 전혀 없는 가짜 약(플라세보)도 의사에게 "이 약은 질병에 효과가 있습니다"라는 말을 듣고 복용하면 믿음의 힘으로 증상이 나아지기도 한다. 마찬가지로 일하면서 곤란한 상황에 직면해도 '나는 운이 좋다', '나는 해결할 수 있다'라고 생각하기만 해도 불안에서 벗어나고 능률이 올라가 극복할 힘이 생긴다.

● 부정적인 사람을 멀리해야 하는 과학적 이유

불안감을 비롯한 부정적인 감정을 불러일으키지 않으려면 언짢은 표정을 짓는 등 부정적인 사람과 함께하는 시간을 가능한 줄이는 것도 중요하다. 부정적인 감정은 전염되기 때문이다.

미국 국립보건원의 아마드 하리리(Ahmad Hariri) 팀이 실시한 실험에 따르면 인간은 다른 사람의 부정적인 표정을 보면 부정적인 감정이 생긴다고 한다.

또 하와이대학교 일레인 해트필드(Elaine Hatfield) 팀의 연구

공포 이미지와 뇌 실험

실험자 아마드 하리리 팀(미국 국립보건원)

방법 ① 공포를 느끼거나 분노하는 사람의 표정, ② 자연계의 무서운 동물이나 곤충, ③ 자신을 겨누는 권총, 사고나 폭발 등 인공적으로 무서운 존재, 이 3가지 이미지를 보여주고 편도체(amygdala, 불안이나 공포를 느낄 때 반응하는 뇌의 부위)의 모습을 조사했다.

결과 ①을 봤을 때 편도체가 격렬하게 반응했다.

결과에 따르면 부정적인 사람과 함께 지내면 표정이나 자세, 말투나 동작까지 비슷해진다고 한다. 부정적인 사람과 보내는 시간이 길수록 그와 비슷한 생각을 하게 된다는 것이다.

사람은 원래 부정적인 쪽으로 의식을 돌리는 경향(부정 편향)이 강하다. 그리고 타인의 부정적인 언행이나 마음 상태에 쉽게 영향을 받고, 무의식중에 따라 한다.

특히 우울할 때는 주의가 필요하다. 전문가들은 "우울한 상태에 있는 사람은 자신에게 부정적인 정보를 자주 떠올리고, 그것을 바탕으로 모든 일을 파악하는 경향이 있다"라고 했다. 이것을 우울 유발 도식(depressogenic schema)이라고 한다.

도식(schema, 스키마)이란 스위스의 심리학자 장 피아제(Jean Piaget)가 제창한 개념으로, 매사를 파악하는 방법의 틀, 자신 이외의 외부를 인식하는 틀을 말한다. 사람은 우울하면 부정적인 정보를 바탕으로 판단하기 때문에 더욱 우울해지기 쉽다.

부정적인 사람이나 정보에 영향을 받아 침울한 상태에서 벗어나지 못하는 사람은 자신의 잘못이라고 생각하지 말고, '지금 나는 우울 유발 도식에 있다', '어쩌다 보니 부정적인 뉴스가 만든 악순환에 빠져 있을 뿐이다'라고 생각하자. 그러면 마음이 편해질 것이다.

잘못 예측하는 데
대부분의 시간을 쓰고 있다면?

● 정보를 모을수록 잘못 판단한다

눈앞에 놓인 일에 집중하기 위해, 그리고 불안에 휘둘리지 않은 채 냉정하고 적절한 선택을 하기 위해 특히 중요한 것은 정보를 너무 많이 모으지 않는 것이다.

"정보가 생명이다."

"더 나은 선택을 하려면 최대한 많은 정보를 입수해야 한다."

현대사회에서는 많은 사람들이 이렇게 믿는다. 정보 약자라는 말이 자주 쓰이는 것도 '정보를 다스리는 자만이 인생을 다스린다'라고 생각하는 사람들이 많기 때문이다. 하지만 그것은 잘못된 생각이다.

아무리 정보를 모아도 확실한 답을 찾을 수 있다는 보장은 없다. 오히려 정보를 모으면 모을수록 점점 답을 알기가 어려워지고, 불안감이 증폭되거나 판단을 잘못하는 경우도 많다.

정보량과 선택 실험

실험자 압 데익스테르후이스 팀(라드바우드대학교)

방법 가장 좋은 차 1대를 포함한 4대의 중고차를 준비하고, 피험자를 ① 충분히 생각하고 선택하는 그룹, ② 선택을 위한 시간이 적은(제한 시간이 설정되고 퍼즐을 풀어야 차를 고를 수 있다) 그룹으로 나누었다. 1단계에서는 두 그룹에게 차량의 연비와 엔진 등 4가지 카테고리에 관해 설명한 뒤 차를 선택하게 했다. 2단계에서는 카테고리를 12개로 늘리고, 트렁크 크기, 음료 홀더 등에 대해서도 설명한 뒤에 차량을 선택하게 했다.

결과 1단계에서는 ①그룹과 ②그룹의 절반 이상이 가장 좋은 차량을 선택했지만, 2단계에서는 ②그룹의 60퍼센트가 가장 좋은 차량을 선택한 반면 ①그룹에서 가장 좋은 차량을 선택한 사람은 25퍼센트를 밑돌았다.

고민하는 시간과 예측률 실험

실험자 압 데익스테르후이스 팀(라드바우드대학교)

방법 피험자를 ① 충분히 생각하고 선택하는 그룹, ② 대충 생각하고 선택하는 그룹, ③ 선택을 위한 시간이 적은(퍼즐을 풀어야 고를 수 있다) 그룹으로 나누어 축구 경기의 승패를 예측하게 했다.

결과 가장 정답률이 높았던 것은 ③그룹으로, ①과 ②그룹의 3배 이상이었다.

정보를 너무 많이 모으면 오히려 판단을 잘 못한다는 것은 다양한 조사 결과를 통해서도 밝혀졌다. 네덜란드 라드바우드 대학교의 압 데익스테르후이스(Ap Dijksterhuis) 팀은 중고차와 축구 경기를 이용해 2가지 실험을 수행했다. 그 결과 두 실험 모두 단시간에 결정을 내린 그룹이 정답률이 높았다.

이런 결과가 나오는 이유는 무엇일까? 단시간에 결정해야 하는 그룹의 경우, 시간이 없는 만큼 정보의 우선순위를 매겨서 합리적인 선택을 할 수 있다. 충분히 생각한 그룹은 시간이 있기 때문에 정보를 너무 많이 수집해서 세세한 것까지 신경 쓰다 보니 매사를 간단하게, 대국적으로 생각할 수 없다.

정보가 너무 적은 것도 문제이지만, 많은 정보를 모으고 충분히 검토한다고 해서 좋은 결정을 내리는 것은 아니다. 오히려 정보가 너무 많거나 여러모로 검토를 거듭하다 보면 올바른 판단을 내리지 못하는 경우도 있다.

불안을 해소하려고 정보를 모아도 현실은 변하지 않는다.

"아무리 검색해봐도 불안이 해소되지 않는다."

"정보를 모으는 데만 방대한 시간을 소비하고 있다."

"24시간을 의미 있게 보내지 못한다."

이런 사실을 깨달았다면 곧바로 스마트폰, 컴퓨터, 텔레비전 등에서 벗어나 불안을 내려놓고, 불안과 정보로 신경 쓰지 못했던 지금 해야 할 일에 손을 뻗어보자.

할 일을 뒤로 미루고 정보를 모으는 데 급급해 잘못된 선택을 하는 것은 우리의 24시간에 어떤 의미도 가치도 없다. 정보를 얼마나 모았는지, 선택을 어떻게 했는지가 아니라 지금 해야 할 일을 얼마나 하느냐에 따라 자신의 미래가 달라진다.

5 Steps
to make
your
24 hours
'the best'

PART
03

최고의
하루를 만드는
5단계

▶️Step 1◀️
해야 할 일과
안 해도 되는 일을 나눈다

● 오늘 하루 해야 할 일이 뭔지는 알고 있는가?

그렇다면 최고의 24시간을 움켜쥘 수 있는 방법은 무엇일까? 24시간 동안 내가 정말 해야 할 일을 고르는 방법으로 가장 먼저 추천하고 싶은 것은 시간 관리 매트릭스를 만들어 지금 해야 할 작업을 가시화하고 우선순위를 정하는 것이다.

예를 들어 할 일을 긴급도와 중요도에 따라 4가지로 분류한 간단한 시간 관리 매트릭스를 활용한다. 리더십 이론의 권위자이자 《성공하는 사람들의 7가지 습관(The 7 Habits of Highly

Effective People)》의 저자인 스티븐 코비가 제창한 것을 바탕으로 4개 영역의 우선순위와 특징을 다음과 같이 정리했다.

제I영역 가장 먼저 시작해서 빨리 완수해야 하는 일. 중요도와 긴급도 모두 높다. 미루어두었던 중요한 할 일도 여기에 들어간다.

제II영역 기한을 정해 일정표에 넣어야 하는 일. 중요도는 높

시간 관리 매트릭스

	제I영역	제II영역
중요한 일	• 위기, 재해, 사고, 질병 • 마감 직전의 일 • 클레임 대응 • 자신이 진행하는 회의 정리	• 인간관계 만들기 • 예방 행위 • 자신을 갈고닦는 일 • 준비나 계획 • 적당한 휴식
중요하지 않은 일	제III영역 • 무의미한 전화나 문자에 대응 • 갑작스러운 내방 • 많은 회의 • 무의미한 접대나 교류 • 많은 보고서	제IV영역 • 헛되이 시간 보내기 • 장시간 필요 이상의 휴식 • 쓸데없이 긴 통화 • 잡담 • 그 외 무의미한 활동
	긴급한 일	긴급하지 않은 일

출처 : 프랭클린 플래너(https://www.franklinplanner.co.jp/)

지만 긴급하지 않기 때문(시간 제약 없음)에 방치되거나 뒤로 밀리기 쉽다.

제III영역 다른 사람에게 맡기거나 손을 떼야 하는 일. 긴급도는 높지만 중요도가 낮기 때문에 우선순위에서는 제외하거나 다른 사람에게 맡긴다.

제IV영역 뒤로 미루거나 완전히 중단해야 하는 일. 별 의미가 없을 뿐 아니라 중요한 일을 하는 데 오히려 방해되기 때문에 시간을 할애해서는 안 된다.

● 불필요한 정보는 빠른 삭제가 답이다

지금 해야 할 일을 모두 적어본 다음 시간 관리 매트릭스의 4개 영역으로 분류하며 우선순위를 매겨보자.

뇌는 필요하다고 판단한 정보를 적극적으로 받아들이고, 불필요한 정보를 지워버리는 작업을 한다. 이것을 심리학에서는 '선택적 주의(selective attention)'라고 한다. 예를 들어 떠들썩한 장소에서 어떤 작업에 몰두하고 있으면 주위 소리가 신경 쓰이지 않는 것은 선택적 주의에 의해 뇌가 필요 없는 정보를 차단하기 때문이다.

할 일의 우선순위를 표로 정리해서 시각화하면 뇌는 어떤 일의 우선순위가 높은지 판단한다. 그다음에는 우선순위가 높은 작업에 관련된 정보를 적극적으로 받아들이기 때문에 쉽게 집중할 수 있고 일도 잘 진행된다. 때로는 제III영역이나 제IV영역의 일을 해야 하는 경우도 있지만, 우선순위만 파악하고 있으면 중요도가 낮은 일에 쓸데없이 시간을 소비하지 않는다.

시간 관리 매트릭스는 원래 대규모 프로젝트나 팀을 관리하고 일정을 효율화해야 하는 프로젝트 매니저가 이용하기에 적합하다. 하지만 할 일의 우선순위를 정하면 경영자나 리더가 하향식으로 방침을 결정하듯이 전체를 둘러보면서 스스로 집중해야 할 일을 골라 주력할 수 있다.

24시간을 의미 있게 사용하려면 스스로 경영자 또는 리더가 되어 하향식으로 해야 할 일이나 나아가야 할 방향을 결정해야 한다. 주위 환경이나 주변 사람들의 의견에 휘둘려 상향식으로 결정해서는 안 된다.

예를 들어 휴일 하루 동안 SNS를 끊고 자연 속에서 휴식을 취하거나, 평소에 읽고 싶었던 책을 읽거나, 어떤 목적을 위한 공부를 하는 것은 자신이 하향식으로 해야 할 일을 정해서 24시간을 사용한 것이다.

그러나 그저 텔레비전이나 인터넷을 보면서 시간을 보내거나, 가짜 뉴스를 바로잡기 위해 정보에 집착하거나, 중요도가 낮은 누군가의 부탁을 처리한다면, 타인에게 휘둘려 상향식으로 할 일을 정해서 24시간을 소비하는 것이다.

또한 머릿속으로 막연히 할 일을 나열한다면 각각의 중요도와 긴급도가 모호하므로 뇌가 우선순위를 정하지 못해 중요한 일에 집중할 수 없다. 미시간대학교의 연구에서 밝혔듯이 인간의 집중력은 단 2.8초의 팝업창만으로도 무너진다.

중요한 일을 하는 동안 중요도나 긴급도가 낮은 일들이 머릿속을 스칠 때마다 일일이 '이것도 해야지', '그러고 보니 저것도 해야 하는데'라고 신경 쓰다 보면 순식간에 집중력이 무너져 24시간을 낭비하고 만다.

시간 관리 매트릭스를 항상 확인하면서 지금 자신이 집중해야 할 일이 무엇인지 하향식으로 결정하고 실행하면 하루 24시간이 분명 빛날 것이다.

◤ Step 2 ◥
긴급하지는 않지만
중요한 일을 먼저 하라

● 인생에서 꼭 해야 하는데 할 시간이 없다?

시간 관리 매트릭스의 4개 영역 중 중요도와 긴급도가 모두 높은 제Ⅰ영역에 속하는 일을 최우선적으로 해야 한다는 것은 누구나 알 것이다. 하지만 문제는 제Ⅱ영역에 속하는 일들이다.

사람들은 아무래도 긴급한 일에 더 주의를 기울이는 경향이 있기 때문이다. 중요도가 높아도 긴급도가 낮거나 장기적으로 해야 하는 제Ⅱ영역의 일은 미루기 십상이기에 제Ⅲ영역의 할 일보다 우선순위가 밀리기도 한다.

긴급하고 중요한 일이나 긴급하지만 중요도는 낮은 일은 금방 시작하게 되는데, 중요하지만 긴급하지는 않은 일에 시간을 할애하기는 여간 어려운 것이 아니다. 시간 관리 매트릭스를 제안한 스티븐 코비도 "중요하지만 긴급하지는 않은 일을 소홀히 하는 사람들이 많다"라고 말했다.

【예】
① 한 단계 도약할 수 있는 중요하고 창의적인 일을 맡았다.
② 마감 기한까지 시간 여유가 있어서 차분히 자리 잡고 시작하려고 했다.
③ 사소하지만 급한 일들이나 허드렛일을 처리하느라 시간이 지나가고 말았다.
④ 중요한 일에 충분한 시간을 할애하지 못해서 만족스럽지 못한 결과로 끝났다.

【예】
① 계속하고 싶고, 해야 된다고 생각하는 중요한 일이나 공부, 취미가 있다.
② 그래서 시간을 정해서 하고 싶다.
③ 하지만 항상 마감이 촉박한 일이 있어 시작하기가 쉽지 않다.

이런 경험을 해본 사람들이 많을 것이다. 이외에도 중요하지만 뒤로 밀리기 쉬운 일들이 있다. 예를 들면 다음과 같은 일들이다.

- 앞으로 자신은 물론 소속되어 있는 부서나 회사가 더욱 성장하기 위해, 혹은 사회에서 살아남기 위한 씨 뿌리기나 구조 만들기
- 지금은 사소하지만 방치하면 큰 문제로 발전할 가능성이 있는 것들에 대응하기
- 소중한 사람과 깊은 인간관계를 구축하거나 추억 쌓기
- 건강을 유지하기 위해 생활 습관 개선하기

중요하지 않은 메일이나 메신저에 답하는 일, 딱히 필요하지도 않은데 길기만 한 회의, 아무런 이득이 없는 접대나 교제 등 긴급도는 높지만 전혀 중요하지 않은 일들이 귀중한 시간을 점점 빼앗아간다.

사람들은 왜 그런 일들에 휘둘려 시간을 빼앗기고 정말 중요한 일을 미루게 되는 것일까? 어떻게 하면 장기적이고 중요한 일에 집중할 수 있는지 좀 더 자세히 살펴보자.

● 왜 우리는 중요한 일을 미루게 될까?

사람들은 왜 긴급하지는 않지만 중요한 일들을 미루게 될까?

칼턴대학교의 티모시 파이킬(Timothy Pychyl)은 사람들이 일을 미루는 7가지 요인을 '지루함, 짜증, 어려움, 모호함, 정리되지 않음, 보상 없음, 의미를 느끼지 못함'이라고 했다. 긴급하지는 않지만 중요한 일을 미루는 이유는 어렵고, 기한이 모호하고, 당장 보상이 없기 때문이다.

게다가 사람은 인지 부하(cognitive load)가 너무 많이 걸리면 판단을 잘못하게 된다. 인지 부하란 어느 시점에 뇌의 작업 기억에 걸리는 심적 활동의 합계량을 말한다. 한 번에 주어지는 정보가 많으면 인지 부하가 높아져 모든 정보를 정확하게 처리하지 못한다. 그러면 중요한 정보를 처리하는 데 소비하는 자원이 줄어들 수 있다.

예를 들어 프레젠테이션 자료의 디자인이 뒤죽박죽이거나 색감이 너무 화려하면 겉모양에 정신이 팔려 정작 중요한 내용은 머릿속에 들어오지 않는다. 따라서 정말 전하고 싶은 말이 있을 때는 상대방의 인지 부하를 고려해 너무 많은 정보를 동시에 주지 않아야 한다.

실험자 데이비드 로젠바움 팀(펜실베이니아주립대학교)

방법 대학생들에게 통로에서 멀리 놓인 2개의 양동이 중에 목표 지점까지 더 쉽게 옮길 수 있는 것을 하나 선택해서 운반하라고 했다. 실험은 총 9회 진행되었고, 양동이의 무게나 출발점에서 거리는 매번 바꿨지만, 대부분의 회차에서 두 양동이 중 하나를 목표 지점 근처에 두었다.

결과 참가자 대부분이 목표 지점에서 가까운 양동이가 아닌 출발점에서 가까운 양동이를 선택했다.

펜실베이니아주립대학교 데이비드 로젠바움(David Rosenbaum) 팀은 인지 부하와 우선순위의 관계에 관한 실험을 했는데 흥미로운 결과가 나타났다. 양동이를 목적지까지 옮기는 실험에서 참가자들은 당연히 목표 지점에서 가까운 양동이를 골라서 옮길 것이라고 예상했지만, 실제로는 정반대였다.

각 실험에서 학생들에게 출발점에서 가까운 양동이를 선택한 까닭을 물었더니, 가장 많이 나온 대답은 "일을 빨리 끝내고 싶어서"였다. 그들은 일에서 빨리 벗어나기 위해(인지 부하를 경감하기 위해) 비록 육체적 부하가 증가한다고 해도 일부러 출발점에서 가까운 양동이를 선택한 것이다.

마찬가지로 같은 시점에 중요도와 긴급도가 다른 다양한 일이 주어지면 사람들은 하나라도 더 많이 빨리 끝내고 싶어서 중요도를 고려하지 않고 간단하게 할 수 있는 것부터 시작하는 경향이 있다.

그 결과 출근하자마자 하루 중 가장 에너지가 충만한 시간대를 메일 회신처럼 간단히 할 수 있는 작업에 소비하고, 피로가 쌓인 저녁 시간이 되어서야 중요한 일에 착수하는 사태가 벌어진다.

시간이 많이 걸리는 중요한 일과 간단히 처리할 수 있는 별로 중요하지 않은 일이 동시에 주어졌을 때 '확실한 일부터 빨리 끝내고 싶다', '시간이 걸리는 중요한 일을 하기 전에 그 외의 사소한 일들을 해치우고 싶다'라고 생각하지 않는가?

● 쉬운 일부터 하려는 심리가 결국 인생을 망친다

인지 부하와 비슷한 개념으로, 최근에는 단순 긴급성 효과(mere-urgency effect)라는 말도 사용된다.

2018년 존스홉킨스대학교 주(Zhu) 팀은 기한이 빠른(긴급도가 높은) 일과 기한 여유는 있지만 중요도가 높고 보수도 많은 일 중 하나를 선택하는 실험을 했다. 그 결과 많은 사람들이 중요도가 높은 일보다 긴급도가 높은 일을 선택했다.

사람들은 대개 여러 가지 할 일이 있을 때 중요도를 생각하지 않고 간단한 일이나 기한이 촉박한 일부터 처리하고, 시간이 걸리는 중요한 일은 나중에 시작하려고 한다. 이것이 단순 긴급성 효과이다.

게다가 시간이 없다거나 바쁘다고 느낄수록 일의 중요도를 냉정하게 판단할 여유가 없다. 그렇게 되면 일을 처리하는 데 필요한 시간이나 기한을 바탕으로 우선순위를 정하므로 크게 중요하지 않더라도 긴급한 업무부터 한다. 혹은 중요도가 높은 일을 처리하기는 힘들기 때문에 중요도가 낮고 긴급도가 높은 작업을 우선 시작하는 사람도 있을 것이다.

간단하게 할 수 있는 일이나 긴급도가 높은 일부터 처리하면 단기적으로 성취감이나 행복감을 얻을지 모른다. 하지만 그만큼 시간이 걸리는 중요한 일이나 창의력을 발휘해야 할 일은 미뤄지고, 거기에 투입할 시간과 에너지도 줄어들 위험이 있다.

또한 중요한 일에 할애할 시간이 점점 줄어들면 스트레스가 쌓이거나 마음이 초조해져서 결과적으로 능률이 떨어진다.

예를 들어 루마니아 바베시볼리야이대학교의 카르멘 (Karmen) 팀이 학생 162명을 대상으로 실시한 조사에 따르면 해야 할 과제를 미룰 경우 학업 성적이 떨어진다고 한다.

이처럼 중요도가 높고 시간이 걸리는 일을 뒤로 미루고, 간단히 할 수 있는 일이나 기한이 촉박한 작업을 우선 하는 경향이 있다.

그 결과 경력에 도움이 되는 규모가 큰 프로젝트나 창의적인 일, 업무 방식, 사고방식, 생활 습관을 재검토하는 일처럼 기한은 없지만 앞으로 업무적인 성과나 인생의 만족도를 크게 좌우하는 일은 점점 뒤로 미루게 된다.

이런 문제를 해결하려면 우선 인지 부하나 단순 긴급성 효과를 이해한 다음 긴급도만을 따져서 우선순위를 정하고 있지 않은지 살펴보자. 일시적인 성취감을 얻기 위해 중요도가 낮고 쉽게 할 수 있는 일만 처리하고, 노력을 많이 들여야 하는 중요한 일을 뒤로 미루고 있지 않은지 스스로 확인해야 한다.

그다음에 지금 할 일의 우선순위를 다시 생각해보고, 의식적으로 긴급하지는 않지만 중요한 일(시간 관리 매트릭스의 제Ⅱ영역에 속하는 것)을 선택해서 하루 동안 집중해보자.

▶Step 3◀
뭘 할지 헷갈릴 때는
그냥 끌리는 대로 선택하라

● 선택하기 힘들다면 차라리 동전 던지기를 하라

지금까지 여러 가지 일 중에 하루 동안 집중적으로 착수할 일을 어떻게 선택해야 할지, 그리고 우선순위를 정하는 방법을 알아보았다.

이런저런 필요 없는 것으로 채워져 있던 나의 24시간을 되찾기 위해서는 필요 없는 것을 즉시 버려야 한다. 쓸데없는 데 시간을 쓰지 않으면 정말 하고 싶은 일, 정말 해야 할 일을 선택해서 집중할 수 있다.

하지만 버려야 할 일과 중요한 일을 스스로 선택하고 결단을 내리기는 그리 쉬운 일이 아니다. 특히 어릴 때부터 부모님의 말, 사회의 말, 학교 선생님의 말, 회사나 상사의 말을 들어온 사람일수록 스스로 결정하는 데 큰 장벽을 느낀다.

어떤 불안감이나 거부할 수 없는 유혹을 느낄 때, 어떤 굴레나 필요 없는 일을 해야 한다는 믿음에 사로잡혀 있을 때, 편해지고 싶은 마음이 강할 때, 자신의 인생을 살아갈 의욕이 없을 정도로 지쳐 있을 때, 그리고 용기가 부족할 때 그 장벽은 한층 높게 느껴진다.

중요도를 고려해서 우선순위를 매겨야 한다는 것을 머리로는 알고 있어도 자신에게 무엇이 정말 중요하고 무엇이 먼저인지 판단하기 어려울 것이다. 우선순위는 정해져 있지만 우선순위가 낮은 일을 버리기는 불안하고, 중요도가 높은 일은 어렵고 의욕이 없어서 집중하지 못하는 사람도 있을 것이다.

자신이 지금 안고 있는 일 중에 무엇을 가장 먼저 해야 할지 몰라 고민된다면 다음 말을 참고해보자.

"우선순위를 결정하는 데는 몇 가지 중요한 원칙이 있다. 그것은 모두 분석이 아니라 용기에 관련된 것이다. 첫째, 과거가 아닌 미래를 택한다. 둘째, 문제가 아니라 기회에 초점을 맞춘다. 셋째, 획일적이 아닌 독자적인 것을 고른다. 넷째, 무난하고 쉬운 것이 아니라 변혁을 가져오는 것을 선택한다."

이것은 저명한 경영학자 피터 드러커(Peter Drucker)의 《자기 경영 노트(The Effective Executive)》에 나오는 말이다. 각각의 일에 대해 '과거의 연장선상인가, 미래 지향적인가?' '단지 문제를 해결하는 것만이 아니라, 새로운 기회를 만들어내는가?' '독자적이고 도전할 만한가?'를 검토하면 자연스럽게 답이 보인다.

아니라면 동전을 던져서 결정하는 것이 나을 수도 있다. 예를 들어 2가지 일 중 어느 것을 먼저 해야 할지 몰라서 고민된다면 동전을 던져서 앞면이 나오는 쪽을 먼저 한다. 여러 가지 일 중에서 무엇을 먼저 할지 모르겠다면 동전을 다섯 번 던져서 가장 많이 나온 것을 먼저 한다는 규칙을 정해도 된다.

거듭 말하지만 최선의 선택을 하기 위해 시간을 들여 검토한다고 해도 올바른 선택을 한다는 보장이 없다. 어떤 방법으로 결정하느냐보다 선택한 것에 대해 용기와 각오를 다지며 행동하는 것이 중요하다.

● 결단력은 결국 포기하는 용기에서 나온다

우선순위는 정해져 있지만 여러 가지 이유로 해야 할 일에 집중하지 못하는 경우를 생각해보자.

지금 다니는 회사에서는 성장이 기대되지 않아 이직하는 것이 낫다는 생각은 들지만, 매일 일에 쫓겨 이직 활동을 할 수 없다면 어떨까? 이직을 위해 어떤 활동부터 시작해야 할지도 모르고, 이직에 성공할 자신감이나 확신도 없으며, 이직하더라도 새로운 회사가 나하고 맞지 않으면 어쩌나 하는 불안감도 있다. 결국 아무 결단도 내리지 못하고 행동도 하지 못한 채 시간만 흘러간다.

또는 경력을 높이려면 시간이 많이 걸리는 중대한 일에 집중해야 하는데, 실행에 옮겨 성공할 자신도 없고, 이를 위해 우선순위가 낮은 일을 포기하기도 어렵다.

이런 경우에도 필요한 것은 역시나 용기와 각오이다. 걱정하는 일의 95퍼센트는 아직 일어나지 않은 것이니, 문제 해결을 위해 한 걸음이라도 움직이고 집중하면 불안감이나 고민에 사로잡히지 않는다.

용기를 내서 필요 없는 것을 자신의 24시간에서 없애버리는 경험을 한번 해보면, 그다음부터 심리적인 부담이 상당히 줄어든다. 처음에는 '이래도 되는 것일까?' '내가 틀린 것은 아닐까?' 하는 불안감이 들 것이다. 하지만 그것을 극복하고 24시간을 자신의 의지로 선택한 일에 집중해보면 필요 없는 것을 버리고 24시간을 가치 있는 일에 쓸 수 있다는 것을 깨닫고 주저하지 않게 된다.

필요 없는 것을 버리고, 나의 24시간을 되찾아 나를 속박하는 것에서 나를 해방시키자.

정말 해야 할 일에 집중하고, 오늘을 최고의 24시간으로 만들기 위해 마지막으로 필요한 것은 용기다. 남이 시키는 일을 하는 데는 아무런 용기가 필요 없다. 오직 스스로 결정한 일을 하는 것에 가장 용기가 필요하다.

나 스스로 목표를 정할 수 있는 사람은 그것을 이루기 위해 최선의 방식을 선택한다. 내 안에 잠들어 있는 힘을 믿고, 일단 용기를 내어 한 걸음 내디뎌보자.

◤ Step 4 ◢
시간을 '비용'과 '돈'으로
계산하고 결정한다

● 시간이라는 '돈'을 낭비하지 않는 최고의 방법

24시간 동안 무엇을 해야 할지 결정하지 못했거나, 해야 할 일은 알고 있는데 필요 없는 일을 버릴 용기가 나지 않거나, 쉽게 행동에 옮기지 못하는 경우 반드시 기회비용을 생각해보자.

기회비용이란 경제학 개념으로, '다수의 선택지 중 어느 하나를 선택했을 경우, 그 외의 선택지를 선택했을 때 얻을 이익'을 말한다. 예를 들어 A, B, C 3가지 선택지 중 A를 선택했다면 B나 C를 선택했을 때 얻는 이익은 희생된다. 그것을 비용으로 파악하는 것이 기회비용이다.

기회비용의 좋은 예로 자주 인용되는 것이 18세기 미국 정치인 벤저민 프랭클린의 《젊은 상인에게 보내는 조언(Advice to a Young Tradesman)》에 나오는 내용이다.

"시간은 돈이라는 것을 잊지 마세요. 하루에 10실링을 벌 수 있는 사람이 반나절 동안 하릴없이 돌아다니거나 집 안에서 아무것도 하지 않고 게으름을 피웠다면 기분 전환이나 게으름에 6펜스만 썼다고 해도 그것만 계산해서는 안 됩니다. 사실은 그 반나절 동안 벌 수 있는 5실링의 돈을 썼다, 아니 버렸다는 이야기가 됩니다."

그냥 놀거나 게으름을 피우면서 시간을 낭비한다면 실제로 낭비한 돈만이 아니라 그 시간에 일했다면 벌었을 돈도 손해를 본다는 것이 기회비용의 개념이다. 기회비용은 어떤 것을 선택했을 때 희생되는 가치의 최대치를 의미한다.

● 해야 할 일을 미룰수록 기회비용은 늘어난다

예를 들어 학생이 시급 1만 원짜리 아르바이트를 할지, 어떤 자격증을 따기 위한 공부를 할지 망설이고 있다고 하자. 자격증을 취득하려면 3천 시간 동안 공부해야 하지만 따기만 하면 연봉을 1천만 원 더 많이 받을 수 있다.

3천 시간을 공부에 투자한다면 그동안 돈을 벌 수 없다. 하지만 자격증을 따고 40년 동안 일하면 자격증을 따지 않은 경우에 비해 평생 손에 쥐는 돈은 4억 원이 더 많다.

반면에 3천 시간 동안 공부하지 않고 아르바이트를 한다면 3천만 원을 벌 수 있지만, 자격증을 땄을 때보다 인생 전체로 봤을 때 3억 7천만 원(4억 원-3천만 원)의 기회비용이 발생한다.

지금 다니고 있는 회사에서 연봉을 더 받을 가능성도 없고 성장을 기대할 수도 없어서 이직을 생각하고 있다고 하자. 실제로 이직하면 연봉이 오를 가능성이 충분한데도 결단을 내리지 못하고 계속 머문다면 그 회사에 계속 남을수록 기회비용이 더욱 커진다.

거듭 말하지만 어떤 것을 선택할 때 생각이 지나치게 많거나 과하게 비교 검토를 하면 종종 최적이 아닌 답에 도달한다. 지금 무엇을 해야 할지 헷갈릴 때는 각각의 선택지가 어떤 미래를 가져다줄지, 기회비용이 얼마나 생기는지 어느 정도 계산해 보는 것도 필요하다.

해야 할 일은 분명한데, 때가 되면 하겠다, 기회가 오면 하겠다, 준비되면 하겠다고 계속 미루면 그동안 기회비용은 점점 늘어난다.

필요 없는 것을 버리고 지금 정말 해야 할 일을 찾아 24시간 집중하자. 그것이야말로 기회비용을 줄이고 '시간'이라는 '돈'을 낭비하지 않는 최고의 삶의 방식이다.

◤ Step 5 ◢
집중력을 가장 높이는 일을
선택하라

● 행복해지는 일이라면 얼마든지 집중한다

마지막 단계에서 한 가지 질문을 하고자 한다. 자신이 지금 해야 한다고 생각하는 일이 주변의 소중한 사람들을 행복하게 하거나 기쁘게 하는가? 이런 질문을 하는 까닭은 자신보다 다른 사람을 위하는 일을 할 때 더 쉽게 행복을 느끼고, 동기부여가 잘 유지되기 때문이다.

"인정은 다른 사람을 위해 베푸는 것이 아니다"라는 말이 있다. 이 말을 상대에게 인정을 베푼다고 해서 그 상대에게 도움이 되지 않는다고 잘못 해석하는 사람들이 있다. 이것은 다른 사람에게 베푼 인정(상대를 위하는 일)이 돌고 돌아 자신에게 돌아온다는 뜻이다. 이러한 사실은 과학적으로도 증명되었다.

캘리포니아대학교의 소냐 류보머스키(Sonya Lyubomirsky) 팀

친절과 행복 실험

실험자 소냐 류보머스키 팀(캘리포니아대학교)

방법 헌혈을 한다, 신세 진 사람에게 감사장을 보낸다, 친구를 돕는다 등 누구에게나 좋은 일이면서 피험자와 돈으로 얽히지 않는 친절한 행위를 6주에 걸쳐서 일주일에 5회 하도록 의뢰(하루에 5회이든 일주일 동안 나눠서 5회이든 상관없음)하고 이후에 행복도를 비교했다.

결과 6주 동안 친절한 행동을 해온 사람이 그렇지 않은 사람보다 행복도가 높았다. 다만 일주일 동안 5회를 나눠서 하기보다 하루를 정해서 5회를 한꺼번에 친절한 행동을 하는 경우에 가장 행복도가 높았다. 그러나 매일 친절을 베풀면 그것이 일상적인 행위가 되어서 행복도가 크게 높아지지 않았다.

은 실험을 통해 타인에게 친절을 베풀면 자신도 행복해진다는 것을 발견했다.

친절한 행동을 매일 하거나 너무 많이 하면 뇌가 익숙해져서 자극을 받지 못해 행복감을 얻기 어려워지므로, 자신의 행복도를 높이려면 일주일 중 하루에 5회를 몰아서 친절한 행동을 하는 것이 가장 효과적이라고 한다.

● 이타적인 유전자의 힘

또한 휴스턴대학교의 멜라니 러드(Melanie Rudd) 팀이 실시한 실험에서 사람은 자신을 위해 무언가를 하기보다 다른 사람을 위해 좋은 일을 하고, 그것을 달성했을 때 더 행복을 느낀다는 결과가 나왔다.

그리고 타인의 행복을 위한다거나 세계를 위한다는 추상적인 목표보다 '이 사람을 웃게 하고 싶다', '이 사람에게 도움이 되고 싶다', '청소를 해서 이 지역을 깨끗하게 하고 싶다'라는 구체적이고 달성하기 쉬운 목표를 세워 실행하는 편이 더 행복해진다고 한다.

워싱턴대학교 모로호웰(Morrow-Howell) 팀의 연구에 따르면 봉사활동을 하는 사람은 우울할 확률이 적고, 봉사활동을 오래 할수록 행복감을 더 많이 느낀다고 한다.

다른 사람을 위해 어떤 행동을 하면 뇌에서 도파민이 분비되어 행복감을 얻고 집중력이 향상되어 더 이타적인 행동을 하고 싶어진다. 이것은 타인과 연결되어 집단과 사회를 만들고, 생존 경쟁에서 살아남는 것을 선택한 인간이 다른 사람과 쉽게 연결되도록 뇌에 내장된 프로그램이라고 생각된다. 이타적인 행동은 인간의 본능적인 행위라고 할 수 있다.

그래서 무엇을 해야 할지 헷갈리는 사람, 이미 해야 할 일이 정해져 있는 사람, 해야 한다고 생각하면서도 쉽게 집중하지 못하는 사람은 그 행동이 어떤 사람을 어떻게 기쁘게 할지 생각해보자.

그것이 해야 할 일에 대한 동기부여와 집중력을 높여 최고의 24시간을 가져다주고, 주변 사람뿐 아니라 나 자신도 행복하게 해줄 것이다.

5 Habits to boost your concentration

집중력을
단번에 높이는
5가지 습관

▶Habit 1◀
최강의 습관 기술
'이프 덴 플래닝'

● 만약(if), ~이 되면, 그때(then) … 한다

더 나은 24시간을 보내기로 마음먹어도 그것을 습관화하기는 쉽지 않다. 지금부터 구체적으로 사고와 행동을 바꿀 수 있는 방법을 알아보자.

오늘 해야 할 일을 결정했지만, 쉽게 실행하지 못하는 사람도 많을 것이다. 그런 사람에게 추천하고 싶은 것이 바로 이프 덴 플래닝(if then planning)이다.

이프 덴 플래닝은 1980년대에 사회심리학 분야에서 고안한

기술로, 언제, 무엇을 할지 미리 구체적으로 정해놓는 방법이다. 인간의 행동을 바꾸고 해야 할 일을 습관화하거나 좋지 않은 습관을 끊는 데 매우 효과적인 이프 덴 플래닝은 다양한 연구를 통해 목표 달성률을 2~3배 높이는 것으로 알려져 있다.

이프 덴 플래닝의 기본형은 다음과 같다.

(만약) 오전 9시가 되면 (그때는) 15분 동안 메일을 확인하고 답장한다.

(만약) 토요일 오후 3시가 되면 (그때는) 근처 공원을 천천히 산책한다.

(만약) 집중력이 떨어지면 (그때는) 5분간 스트레칭을 한다.

(만약) 누군가에게 화를 낸다면 (그때는) 머릿속으로 천천히 10초를 세고 마음을 가라앉힌다.

이런 형태로 구체적인 행동 계획을 만든다. 처음에는 종이에 써서 눈에 잘 띄는 곳에 붙여두는 것이 좋다. 너무 간단해서 '그런 일을 하는 것이 의미가 있을까?'라고 생각하는 사람도 있겠지만, 이프 덴 플래닝의 목표 달성이나 습관화의 효과는 다양한 실험에서 밝혀지고 있다.

예를 들어 《작심삼일과 인연 끊기(9 Things Successful People Do

이프 덴 플래닝 효과 실험

실험자 안야 아흐트지거 팀(콘스탄츠대학교)

방법 [1] 94명의 학생에게 "만약 내가 선택한 ○○(고칼로리 음식)을 먹고 싶다면 생각을 머릿속에서 지워버리겠다"라고 3회 외치라고 한 다음, 일주일 후에 얼마나 먹었는지 물었다.

결과 [1] 이프 덴 플래닝을 실천한 피험자는 소비량이 절반 가까이 줄었다.

방법 [2] 107명의 테니스 선수를 다음 세 그룹으로 나누어 본인, 트레이너, 팀 동료에게 성과를 평가받았다.
①그룹은 시합 당일에 "시합에 이기기 위해 공 하나에 심혈을 기울여 경기에 임한다"라는 목표를 적은 종이에 밑줄을 긋고 서명한다.
②그룹은 이프 덴 플래닝을 한다(예를 들어 집중력이 떨어졌다고 느끼면 심호흡을 한다는 식으로 부정적인 상태에 빠졌을 때의 대처법을 정한다).
③그룹은 아무것도 하지 않는다.

결과 [2] ②그룹의 평가가 훨씬 좋았다.

Differently)》의 저자이자 컬럼비아대학교 동기과학센터의 부소장인 하이디 그랜트 할버슨(Heidi Grant Halvorson)은 운동을 습관화하고 싶다는 목표를 지닌 사람들을 모아서 실험을 했다.

할버슨은 피험자를 두 그룹으로 나눠서 한 그룹에는 이프 덴 플래닝을 가르치지 않고 목표를 설정하게 했다. 그리고 다른 그룹에는 '월요일, 수요일, 금요일이 되면 일하기 1시간 전에 체육관에 간다'는 식으로 이프 덴 플래닝 형식으로 목표를 세우게 했다. 그러자 몇 주 후 전자의 그룹은 39퍼센트만이 운동을 습관화할 수 있었던 반면 후자의 그룹은 91퍼센트가 운동을 습관화하는 데 성공했다.

또한 콘스탄츠대학교의 안야 아흐트지거(Anja Achtziger) 팀도 실험을 통해 이프 덴 플래닝의 효과를 확인했다.

● 달콤한 유혹을 거부하지 못하는 이유

이프 덴 플래닝의 효과가 이렇게까지 높은 이유는 뇌가 "○○라면 ××이다"라는 문장을 잘 이해하고 기억하기 때문이다. 그리고 한번 '이프 덴 플래닝'에 따라 행동 계획을 세우면 뇌는 무의식중에 정해진 시점에 해야 할 일을 실행하려고 한다. '무슨

요일 몇 시에 무엇을 해야 해'라고 신경 쓰거나 '무엇을 하면 좋을까?'라고 고민하지 않아도 그때가 되면 뇌가 자동으로 행동하게 해준다.

이러면 의지가 약한 사람도, 건망증이 있는 사람도 해야 할 일을 습관화해서 목표를 달성하기 쉬워진다. 뇌가 "○○라면 ××이다"라는 문장을 잘 이해하고 기억하는 것은 '위험한 동물을 만나면 도망친다', '배고프면 먹을 것을 찾는다'와 같이 살아남기 위해 진화하는 과정에서 어떤 자극을 받으면 특정 행동을 취하도록 뇌 구조가 형성되어 있기 때문이다.

인터넷 게임, SNS, 잇달아 날아드는 문자 메시지, 텔레비전 드라마와 스포츠 중계, 술자리와 놀이 권유, 가족, 친구, 동료의 부탁 등 세상에는 너무나도 많은 유혹이 넘쳐난다. 이프 덴 플래닝을 이용하면 이런 유혹을 이겨내고 습관화한 할 일에 더 집중할 수 있다.

우리가 어떤 유혹에 직면했을 때, 뇌에서는 대뇌변연계와 대뇌 신피질 두 곳이 작용한다. 이 중 대뇌변연계는 식욕, 성욕, 수면욕 등의 본능과 욕구, 희로애락 등을 담당하며, 어떤 유혹을 받았을 때는 먼저 대뇌변연계가 그 유혹에 반응할지 결정한다.

대뇌변연계의 결단은 빠르고 선택의 결과가 어떻게 될지 생각하지 않으며, 대뇌변연계가 한번 유혹을 받아들이면 쉽게 멈출 수 없다. 나중에 공부나 업무에 지장이 있어도, 대뇌변연계가 '게임을 한다', '축구 중계를 본다'라고 결정하면 그것을 쉽게 거스르지 못한다.

● 유혹을 이겨내고 바로 시작하는 최고의 방법

반면 이성이나 논리적 사고를 담당하는 대뇌 신피질은 대뇌변연계와는 반대로 사려 깊고 천천히 유혹에 대처한다. 대뇌 신피질이 제대로 작용하면 유혹을 이겨낼 수도 있지만, 대뇌 신피질은 스트레스에 매우 약하고 조금이라도 부하가 걸리면 의사 결정 기능을 대뇌변연계에 내준다는 특징이 있다.

시험 전이나 해야 할 일이 있을 때 유혹에 더 쉽게 빠지는 것은 뇌가 스트레스를 받아 대뇌 신피질보다 대뇌변연계의 기능이 우위가 되기 때문이다.

하지만 그런 때라도 대뇌 신피질의 작용을 활성화하면 냉정하게 판단을 내리고, 유혹을 이겨내 해야 할 일에 집중할 수 있다. 뉴욕대학교의 페테르 골비처(Peter Gollwitzer)는 대뇌 신피질의 기능을 활성화하는 데 다음과 같은 이프 덴 플래닝을 사용하는 것이 효과적이라고 주장했다.

"만약 공부하다가 게임하고 싶으면 심호흡을 다섯 번 한다."

"만약 업무 중에 축구 경기가 보고 싶으면 물을 한 컵 마신다."

또한 집중력이나 동기부여를 높이고자 할 때 가장 추천하는 방법은 짧은 운동이다.

스웨덴의 정신과 의사 안데르스 한센(Anders Hansen)은 《뇌는 달리고 싶다(Hjarnstark)》에서 "운동은 집중력을 개선하는 데 탁월한 효능을 발휘하는 부작용이 전혀 없는 약"이라고 했다. 또한 《읽기만으로 끝나지 않는 독서술》(책요약채널 지음)에서는 다양한 방법을 실천한 결과 5분 동안 달리기가 집중력을 높이는 데 가장 효과적이라고 밝혔다.

운동을 하면 집중력이 높아지는 이유는 뇌에서 집중력을 유지하는 기능이 있는 신경전달물질인 도파민이 분비되기 때문이다. 이것은 과학적으로도 증명된 사실이다.

"집중력이 떨어지면 5분 달리기 등의 짧은 운동을 한다."

이것이야말로 눈앞의 할 일에 집중해 성과를 올리기 위한 최강의 이프 덴 플래닝이다.

◤Habit 2◢
늘 해오던 선택과 반대를
선택하라

●옳지 않은 것을 옳다고 생각하는 인지부조화

옆에서 보고 있으면 분명히 잘못된 행동이나 손해를 보는 행동(다른 사람에게 상처 주는 언행도 포함된다)을 하고 있는데, 본인은 옳은 일을 하고 있다거나 틀리지 않았다고 생각하는 경우가 있지 않은가? 아무리 주의나 조언을 받아도 개선되지 않는다. 누구에게나 이런 일은 일어날 수 있다.

주위 사람을 보면서 '저 사람은 왜 저러지?'라고 생각하거나 과거의 내 모습을 돌이켜보면서 '그때는 왜 몰랐을까?'라고 생각하는 경우가 많을 것이다. 이런 상태를 이해하려면 인지부조화(cognitive dissonance)에 대해 알아야 한다.

인지부조화란 심리학 용어로 자신의 행동이나 생각 중에, 혹은 이상과 현실 사이에 모순이 생겼을 때 느끼는 불쾌감이나 스트레스를 말한다. 그리고 사람은 모순된 2가지 중에서 비교적 편한 쪽으로 생각을 바꿔서 불쾌감이나 스트레스를 해소하려고 한다.

예를 들어 "몸에 나쁘니 끊는 것이 좋다는 것은 알고 있지만, 과음을 멈출 수가 없다"라고 할 때 '몸에 나쁘니 끊는 것이 좋다'는 생각(이상)과 '과음을 멈출 수 없다'는 행동(현실) 사이에 모순이 생겨 스트레스를 느낀다.

그래서 도저히 과음을 멈출 수 없는 사람은 이렇게 생각한다.

'술은 백약(百藥)의 장(長)이니까.'

'이게 없으면 잠이 안 오는데?'

'몸속을 알코올로 소독하는 거야.'

'술을 안 마시고 오래 살면 무슨 재미?'

'몸에 나쁘니 끊는 것이 좋다'는 생각을 반대로 바꾸는 것이다.

스탠퍼드대학교의 레온 페스팅거(Leon Festinger)와 칼 스미스(Carl Smith)는 인지부조화에 관해 실험한 결과, 20달러를 받은 그룹은 '돈 때문에 하찮은 작업을 했다'라고 생각하고, 1달러를 받은 그룹은 '돈 같은 건 상관없다', '즐거워서 한 것이다'라고 생각했다.

사람은 자기가 한 행동이나 선택으로 바람직하지 않은 결과가 발생해도 자신이 틀렸다고 생각하지 못한 채 이를 정당화할 핑계를 생각한다. 업무에서든 일상생활에서든 인지부조화로 인한 스트레스에서 벗어나기 위해 이런 변명이나 자기 정당화를 하는 경우가 많다.

업무에서 목표를 달성하지 못한다면 더 노력해야겠다고 생

인지부조화 실험

실험자 레온 페스팅거, 칼 스미스(스탠퍼드대학교)

방법 피험자들을 두 그룹으로 나누어 각각에게 매우 단순한 작업을 시킨 뒤 한 그룹에는 보수로 1달러를, 다른 그룹에는 20달러를 지급했다.

결과 1달러만 지급한 그룹에서 그 단순한 작업이 즐겁다고 느끼는 사람이 많았다.

각하는 것이 아니라 처음부터 무리한 목표였다고 생각한다. 돈을 지나치게 낭비하고서는 반성하고 절약하는 것이 아니라 열심히 일한 보상이라고 생각한다.

이런 자기 정당화는 스스로 눈치채기가 어렵다. 그리고 오랫동안 편한 쪽으로 생각을 바꾼 결과, 주위 사람들이 "왜 그 지경이 될 때까지 내버려뒀지?"라고 놀랄 정도로 문제가 커지거나 의존증이나 질병으로 진행되는 경우도 적지 않다.

변명으로 자신을 납득시키면 불만이나 불쾌감, 스트레스를 해소할 수는 있다. 그러나 유혹에 빠지거나 집중력이 떨어져서 24시간을 헛되이 보내고도 우리는 종종 '할 일은 못 했지만 그래도 의미 있었어'라고 변명하며 행동을 바꾸려고 하지 않는다. 그러다 결국 며칠, 몇 주, 몇 달, 혹은 몇 년에 걸친 방대한 시간을 원래 하지 않아도 되는 일, 하지 말아야 할 일을 하면서 소비한다.

● 마이너스 선택과 행동도 습관이다

사람들이 바람직하지 않은 인간관계에서 쉽게 벗어나지 못하는 것도 이런 마음이 작용하기 때문이다.

인생은 부당한 거래로 가득 차 있고, 세상에는 틈만 나면 다른 사람의 시간과 에너지를 빼앗으려는 사람들이 많다. 본래 자신이 해야 할 일이나 집안일 등을 아무렇지 않게 남에게 떠넘기는 사람도 있고, 상대에게 아무런 이득이 없는 부탁이나 요구를 태연하게 하기도 한다. 자주 문제를 일으키거나, 제멋대로 행동해서 타인을 휘두르려고 하는 사람도 있고, 남의 성과를 빼앗거나 남의 노력을 방해하기도 한다.

아무리 우리가 24시간을 소중한 일에 쓰고 싶어도 주변의 가족, 친구, 상사, 동료 중에 그런 사람이 있다면 도무지 할 일에 집중할 수 없다.

그런 부당한 인간관계 속에서도 많은 사람들이 '가족은 소중하니까', '저 사람에게는 신세를 졌기 때문에', '상사나 동료에게 미움받고 싶지 않아서'라는 식의 변명을 하며 그 자리에 계속 머무른다. 결국 자신을 위해 해야 할 일에 24시간을 쓰지 못하고 인생을 허비한다.

'인생과 인간관계에서 마이너스 선택과 행동'이라는 무한 루프에서 벗어나려면 변명으로 일관하는 자신을 깨닫고 행동을 바꿔나갈 필요가 있다. 행동을 바꾸는 것은 힘들지만, 여기에서도 이프 덴 플래닝이 도움될 수 있다.

예를 들어 부당한 인간관계에 관해서는 다음과 같은 이프 덴 플래닝을 실시해보자.

"도무지 하기 싫어하거나 불쾌하게 느껴지는 일을 명령하면 바로 따르지 말고 그것이 정말 해야 할 일인지 아닌지 5분간 생각한다."

"인간관계에서 위화감이 느껴지면 정말 공정한 관계인지 5분간 생각해본다."

"같이 일하는 상대가 불만이 있는 것 같으면 자신의 행동을 5분간 되돌아본다."

이러면 상사의 명령이니까 어쩔 수 없다는 식으로 지금까지 유지한 습관이나 타성에 휩쓸리지 않고 냉정하게 인간관계를 다시 파악하는 계기가 될 수 있다.

부당한 인간관계를 끊고 싶은 경우에는 이사하거나 부서 이동을 신청하거나 이직하는 등 과감하게 환경을 바꾸는 선택도 생각해본다. 같은 환경에서 같은 매일을 반복하고 있는 한 자신을 바꾸기가 어렵다.

주위 사람들을 자기 마음대로 바꾸는 것도 불가능하다. 따라서 부당한 거래로 가득 찬 환경에서는 탈출하는 것이 답일 수 있다.

자신이 맺고 있는 인간관계가 공정한지 부당한지 생각해보자. 부당한 관계에서 해야 할 일에 집중할 시간이나 에너지를 일방적으로 빼앗긴다고 느낀다면 환경을 바꾸고 자신의 행동을 바꿔보자.

● 플러스 선택과 행동을 하는 습관

그럼 인간관계 이외에 마이너스 선택과 행동은 어떻게 해야 할까?

'유혹을 못 이겨서 할 일을 못 한다', '술이나 담배를 끊지 못한다'는 식으로 자기 합리화를 하고 있다는 것을 깨닫는다거나 자기 욕구를 거스르기란 아무리 현명한 사람이라도 하기 힘든 일이다.

이런 경우 행동을 바꾸고 싶을 때 가치를 더하는 것도 좋은 방법이다. 좋지 않다는 것을 알면서도 끊지 못하는 것이 있다면 우선 '오늘 하루 SNS를 안 하면 맛있는 것을 먹는다'라는 식으로 'OO을 안 하면 ××가 손에 들어온다'라고 가치 부여를 하는 것이다.

예를 들어 매일 술을 안 마시고는 못 배기는 사람이라도 술을 마시지 않은 다음 날 컨디션이 좋다는 것을 느끼면 자연히 술을 삼가게 된다.

습관이나 타성으로 그만두지 못한 것을 한번 멀리해보고 가치를 느끼면 그것을 하지 않았을 때 자유 시간이 얼마나 많이 생기는지, 몸과 마음이 얼마나 쾌적해지는지 알게 되고, 그때까지 자신이 변명으로 정당화했음을 깨닫는다.

인지부조화가 일어나지 않았는지, 저도 모르게 자기변명을 하지 않았는지 다시 한 번 살펴보고 이프 덴 플래닝을 사용해 행동을 바꾸자. 그리고 때로는 환경을 바꿔본다. 그것이 '마이너스 선택과 행동, 변명'의 무한 루프에서 벗어나는 매우 효율적인 방법이다.

⟩ Habit 3 ⟨
매몰비용이 발생하는 일에
집중하지 않는다

● 집중할 시간과 노력을 어디에 쏟아야 하는가?

어떤 비즈니스 플랜이 유망해 보여서 무조건 성공시키겠다는 마음으로 열중했지만, 위험 요인과 안 좋은 정보를 외면하는 바람에 실패하는 경우가 있다. 혹은 비즈니스, 투자, 도박 등에서 이미 큰 손실을 입었는데도, 지금까지 해온 것이 아까워서 조금이라도 손실을 만회하려고 돈과 시간, 에너지를 쏟아붓다가 손실을 더 키운 경험도 있을 것이다.

사람들은 수많은 정보 속에서 자신의 의견이나 가치관에 부합하는 정보만 모으고, 부합하지 않는 정보는 차단하는 경향이 있다. 이를 확증 편향(confirmation bias)이라고 한다.

확증 편향이 작용하면 누군가에게 혐오감이 생겼을 때 상대에 관한 다양한 정보 중에서 그 사람은 나쁜 사람이고, 혐오감을 느낄 수밖에 없는 인물이라는 것을 증명하는 정보만 모은다. 그러다 보면 혐오감이 점점 커져서 좋은 면에 대해서는 아예 외면하게 된다.

우리의 사고는 늘 확증 편향에 지배될 위험이 있다. 확증 편향에 사로잡히면 시야가 좁아지고 점점 자신이 만들어낸 마이너스 선택의 악순환에 휘말린다.

사람은 자신의 행동이나 선택이 잘못되었음을 깨닫거나 자신에게 전혀 도움이 되지 않는 부당한 인간관계라는 것을 알고도 변명을 하고 쉽게 인정하지 못한다. 그런 경우도 확증 편향이 작용하는 것이다.

● 과거에 들인 시간이 아까워 미래로 나아가지 못한다?

확증 편향이 작용해서 잘못된 행동이나 인간관계에 시간, 돈, 에너지 등의 자원을 쏟고 있으면 매몰비용이 커져서 점점 더 발을 빼기가 어렵다. 매몰비용은 아무리 발버둥 쳐도 회수할 수 없는 시간, 자본, 노력 등을 말한다. 이미 소비한 자원이 아깝다는 마음이 의사 결정에 영향을 미치는 것을 매몰비용 효과라고 한다.

원래 이쯤에서 단념하고 피해를 최소화해야 하는 상황에서 '이렇게까지 했는데 이제 와서 없던 일로 할 수는 없다', '좀 더 열심히 하면 어떻게 되지 않을까?'라고 생각해 더욱 자원을 쏟아부어 결과적으로 손실이 점점 불어난다. 비즈니스, 혹은 인간관계나 도박 등에서도 그런 사례는 일일이 열거할 수 없을 정도로 많다.

더 이상 일해도 아무런 이득이 없는 직장에서 '지금까지 열심히 일했는데, 이제 와서 그만둘 수 없어'라고 눌러앉는 것도, 몇 년 동안 계속 떨어져서 합격할 가능성이 극히 낮은 자격증 시험 공부를 중단하지 못하는 것도 매몰비용 효과에 의한 것이다.

미네소타대학교 스웨이스(Sweis) 팀의 마우스와 생쥐를 이용한 실험에 따르면 한번 '일정한 대기 시간 후에 보수를 준다'라고 각인시키면 비록 보수가 주어지지 않더라도 그때까지 기다린 시간이 아까워서 비생산적인 활동을 멈추지 않는다고 한다. 매몰비용 효과는 동물이 진화의 과정에서 터득한, '경험한 것을 기준으로 미래를 예측'하는 행동이다.

특히 인간은 매몰비용에 민감해서 더 나은 선택지가 있어도, 때로는 비효율적이고 비합리적인 판단을 내린다. 자신에게 좋지 않은(이득이 없는) 것이라도 자원을 투입할수록 '내가 비용을 잘못 썼다', '시간을 허비하고 있다'라고 인정하지 못하고, 자신의 행동은 옳았다고 믿고 싶어 하는 편견이 작용한다.

그리고 많은 사람들이 포기하거나 그만두기가 어려워서 억지로 좋은(이득이 되는) 것이라고 생각한다.

● 쓸데없는 일에 집중하느니 차라리 쉬어라

다만 자원을 쏟아부은 대상을 포기하거나 단념하지 못한다고 해서 꼭 나쁜 것만은 아니다. 자신에게 정말 좋은 것, 긍정적인 것에 자원을 투자한다면 자연스럽게 그것을 아끼고, 집중하게 되기 때문이다.

자신에게 바람직한 인간관계에 자원을 쏟아부을수록 소중한 관계를 유지하려는 마음이 생길 것이다. 정말 해야 할 일에 자원을 투입할수록 집중하게 되고, 결국에는 천직이 된다.

중요한 것은 인간관계이든 업무이든 취미나 여가를 보내는 방법이든 한정된 자원을 쏟아붓기에 적합한지 아닌지 제대로 간파하는 것이다. 그리고 항상 의식적으로 자원을 할당해야 한다.

하루 24시간을 충실히 보내는 것은 중요하다. 하지만 항상 기를 쓰고 할 일에 집중할 필요는 없고, 사실 그럴 수도 없다. 휴식을 취하거나 놀면서 뇌와 몸을 쉬는 시간도 필요하다.

다만 유혹을 못 이겨서 인터넷 검색을 하며 시간을 보내거나, '여기까지 했는데 도중에 멈출 수는 없어'라며 게임을 계속하는 것은 그저 비용과 자원을 낭비하고 매몰비용을 늘리는 일이다.

휴식을 취할 때도 '24시간을 더 의미 있게 보내기 위해 자원을 소비하고 있다'라고 의식하면 시간을 탄력적으로 사용할 수 있다.

집중할 때는 제대로 집중하고 쉴 때는 철저히 쉰다. 업무이든 인간관계이든 취미이든 의식적으로 전력을 다해 자원을 쏟아부어야 에너지가 생겨서 발전한다. 반대로 유혹에 휩쓸려 막연하게 자원을 소비하면 결코 자신이 원하는 지평선에 도달할 수 없다.

◤ Habit 4 ◥
억지 동기부여에
힘을 쏟지 않는다

● 억지 동기부여가 시간 낭비와 집중력을 떨어뜨린다

흔히 일에 대한 동기부여를 높여야 한다며 여러 가지 방법을
제안하지만, 무작정 동기부여만 높이려는 행동은 안타깝게도
낭비일 수밖에 없다.

예일대학교의 에이미 프제스니프스키(Amy Wrzesniewski) 연구
팀이 10년 동안 미국 육군사관학교 생도 1만 명 이상의 지원 동
기와 이후의 경력을 분석한 결과, 자신이 하고 싶은 일에 대해
'교양을 위해', '인류를 위해', '출세를 위해'라는 이유를 갖다 붙

인 사람일수록 장기적인 경력은 안 좋은 경향이 있었다고 한다.

동기부여에는 '인류를 위해', '나라를 위해' 한다는 '외재적 동기부여'와 '내가 좋아서' 한다는 '내재적 동기부여' 등 몇 가지 종류가 있다.

그리고 집중력을 압도적으로 높여주는 것은 내재적인 동기부여이다. 무작정 이유를 붙이거나 큰 목표를 내거는 식으로 외재적 동기부여를 높이는 것은 의미가 없을뿐더러 오히려 역효과가 날 수도 있다.

단순히 "업무에서 성과를 올리고 인생을 충실히 살기 위해 24시간을 의미 있게 보내자"라고 해도 해야 할 일을 하기 위한 집중력이 쉽게 높아지지 않는다. 그러므로 우선 자신이 좋아하는 일, 하고 싶은 일에 자원을 쏟아붓는 것이 좋다.

● 의미 있는 일에는 더 몰입하게 된다

어쩌면 "좋아해서 하고 싶은 일은 있지만, 거기에 자원을 쏟아붓는다고 해서 성공으로 이어질지는 모르겠다. 그래서 그렇게 좋아하지는 않지만, 주어진 일을 하고 있다"라는 사람도 있을 것이다.

좋아하는 일에 시간과 노력을 투입한다 해도 천직이라고 할 수 있는 수준에까지 이를지, 그 일로 만족스러운 수입을 얻을지는 알 수 없다. 하지만 성공할지 어떨지 모르기 때문에 시간을 할애해서 열심히 하지 않는 것은 매우 안타까운 일이다.

우리는 지나간 시간의 가치를 결과로 판단하는 경향이 있다. 내가 원하는 결과를 얻었느냐에 따라서 과거의 나, 과거의 시간에 대한 평가를 바꾸는 것이다. 그것은 매우 단편적인 생각이다.

물론 24시간을 충실하게 보낸 결과 원하는 회사로 이직하거나 수입이 오르거나 삶의 만족도가 증가했다면 매우 훌륭한 일이다. 이런 경우 자신이 시간을 헛되이 보내지 않았다고 생각하는 것은 당연하다.

그러나 좋아하는 일, 하고 싶은 일을 하면서 24시간을 보낸 결과, 설령 자신이 원하는 미래에 도달하지 못했다 해도 결코 '쓸데없이 시간을 허비했다', '노력해도 의미 없다', '인생의 선택을 잘못했다'는 식으로 생각하지 말자.

좋아하는 일을 하면서 몸에 밴 지식이나 경험이 분명 있을 것이고, 무엇보다 좋아하는 일에 몰입하는 동안 충족감과 행복을 느꼈을 것이다. 결과가 어떻든 해야 할 일에 집중한 24시간의 가치는 변함없으며, 충분히 행복한 시간을 쌓아왔다.

그런 다음 집중해서 착수한 일에 대해 "○○을 한 것은 ××를 위해서였다"라는 식으로 꼭 의미 부여를 하기 바란다. 자신이 해온 일이나 앞으로 할 일에 의미와 가치가 있다고 생각하면 동기부여가 상승하고, 결과에 상관없이 지나온 시간의 가치를 높일 수 있으며, 자신의 인생을 진정으로 긍정할 수 있다.

내 삶의 가치를 결정하는 것은 결과가 아니라 의미 부여이다. 의미를 부여하는 것만이 자신의 인생을 긍정하는 유일한 방법이다. 같은 사실이라도 해석은 무한하다.

오늘날 미래의 결과를 신경 쓰면서 행동하지 않는 사람은 '알 수 없는 미래와 계속 싸우며 인생을 허비하는 첫 번째 어리석은 자'이다. 애써 좋아하는 일, 해야 할 일에 집중하며 24시간을 보냈는데도 원하는 것을 얻지 못했다고 해서 본인이 잘못했다고 생각하는 사람은 '과거와 싸우는 두 번째 어리석은 자'이다.

▶Habit 5◀
내가 할 일은
내가 결정한다

● 스스로 결정한 것에는 자연히 몰입한다

하루 24시간 동안 어떤 일에 노력을 쏟을지를 선택하고, 눈
앞에 있는 좋아하는 일, 하고 싶은 일, 해야 할 일에 집중했지
만 어쩌면 자신의 선택이 잘못된 것은 아닌지, 시간 낭비를 한
것은 아닌지, 다른 할 일이 있지 않았을까 하는 생각이 들기도
할 것이다.

하지만 해야 할 일을 한 결과가 아니라 해야 할 일을 스스로
선택하고 실행하는 것에 의미가 있다.

지금 해야 할 일을 정하고 집중하기로 결단을 내리는 행위야말로 우리
가 지금을 필사적으로 살고 있다는 증거이다.

고베대학교의 니시무라(西村)와 도시샤대학교의 야기(八木)가
일본의 20세 이상 70세 미만의 남녀 2만 명을 대상으로 조사한
결과에 따르면 행복감에 영향을 미치는 요인은 순서대로 다음
과 같다.

건강 → 인간관계 → 자기 결정 → 소득 → 학력

건강과 인간관계에는 못 미치지만 자기 결정은 소득이나 학
력 이상으로 행복을 좌우한다. 인간에게는 선천적으로 자신의
행동을 스스로 선택하고 싶은 욕구가 있다. 그것을 다른 사람
이 강제하거나 빼앗으면 설령 자신에게 도움되는 제안일지라
도 무의식적으로 반발하는 경향이 있다.

가족, 상사, 동료가 지시를 내리거나 이렇게 저렇게 하라고
행동을 강요하면 화가 나고, 마음에 응어리가 생기며, 동기부
여가 떨어진다.

하지만 상사가 시키는 일이라도 진행 방법을 스스로 결정하
고 주도적으로 할 수 있으면 '내 의지대로 이 일을 하고 있다'라

고 느껴져 동기부여가 된다. 사람은 스스로 결정하면 책임감과 자부심을 가지고 노력을 아끼지 않기 때문에 목적을 달성할 가능성이 더 크고 행복감도 높아진다.

미래가 어떻게 될지는 아무도 모른다. 선택의 결과가 반드시 좋다고 할 수도 없다. 따라서 자기 스스로 무언가를 선택하거나 판단하지 못하는 사람도 있다. 하지만 '결과가 아니라 스스로 선택하는 것 자체가 행복하다'라고 생각하면 선택이나 판단에 대한 불편한 생각이 조금 줄어들 것이다.

● 때론 남의 선택과 집중력을 훔쳐라

뭔가를 선택하기가 망설여지거나 자신의 판단에 자신이 없을 때, 혹은 애초에 판단하기가 어려운 사람은 신뢰할 수 있는 사람이나 좋아하는 사람의 판단을 따라 해보는 것도 좋다.

비즈니스 세계에서는 '철저하게 훔쳐라'가 성공의 법칙 중 하나이다. 실제로 무언가를 창조적으로 모방해서 성공한 비즈니스가 많다. 예술이든 스포츠이든 새롭게 무언가를 시작하려고 할 때 먼저 모방부터 하는 사람들이 있다. 어차피 산업도 문화도 모방을 통해서 발전한다. 누군가가 만든 것을 따라 하거나 참고하면서 조금씩 자신만의 스타일을 만들어가는 것이다.

사우스덴마크대학교의 아날리티스(Analytis) 팀이 1만 4천 명을 대상으로 실시한 조사에 따르면 좋아하는 사람의 선택을 따라 한 경우와 많은 사람들이 한 선택을 따라 한 경우, 전자의 능률이 더 좋다는 결과가 나왔다(다만 경험이 적은 일을 할 때는 많은 사람들이 선택한 것을 따라 해도 좋은 결과를 얻을 수 있었다).

그래서 선택과 판단에 확신이 서지 않을 때는 가족이나 직장 상사, 동료나 친구들 중 믿을 수 있는 사람의 얼굴을 떠올리면서 '저 사람이라면 어떤 선택을 할까?'라고 생각해본다. '내 생각으로 선택하는 것이 아니라 신뢰하는 사람을 따라 선택하는 것이다'라고 생각하면 망설임이 줄어들고 자신감이 생기지 않을까?

그것을 반복하다 보면 판단하는 과정이 익숙해져서 언젠가 자신의 생각으로 자신감 있게 판단할 것이다.

● 자신감이 넘치는 캐릭터에 빙의되어 보자

자기 스스로 판단을 내리기 어려운 사람은 결단력 있는 캐릭터가 되어보는 것도 좋다. 사람에게는 주어진 역할에 맞게 연기하려는 성향이 있다. 이를 '역할 성격'이라고 한다. 역할 성격에 관해서는 심리학자 필립 짐바르도(Philip Zimbardo)가 실시한 통칭 스탠퍼드 감옥 실험이 매우 유명하다. 그 실험을 통해 사람이 얼마나 주어진 역할대로 충실하게 행동하는지 알 수 있다.

그래서 판단을 내리기 어려운 사람은 그날 해야 할 일, 집중해야 할 일을 결정할 때 가까이 있는 사람 혹은 영화나 드라마,

역할과 감옥 실험

실험자 필립 짐바르도(스탠퍼드대학교)

방법 신문 광고로 모은 대학생 20여 명을 두 그룹으로 나눠 각각 간수 역할과 죄수 역할을 주고, 스탠퍼드대학교 내에 만든 진짜 교도소 같은 설비 속에서 2주 동안 주어진 역할대로 생활하게 했다.

결과 시간이 지나면서 간수 역할을 맡은 학생들은 지배적인 성격이 되었고, 죄수 역할을 맡은 학생들은 복종하는 성격이 되었다. 간수 역할이 죄수 역할에게 벌을 주거나 금지된 폭력을 행사했고, 죄수 역할을 포기하는 학생도 나타나면서 실험은 일주일여 만에 중단되었다.

소설이나 만화 속 등장인물을 참고해서 결단력 있는 캐릭터가 되어보자. '나는 결단력이 있다'고 여러 번 소리 내어 선언하고 스스로 암시를 걸어보는 것도 좋다. 평소와는 다른 모드로 전환되어 다른 회로가 작용해 결단이 빨라질 수도 있다.

이것은 일상생활이나 업무에도 응용할 수 있다. 예를 들어 자신은 리더십이 부족하다고 생각하는 사람이 어떤 프로젝트 팀의 리더로 임명되었을 경우 "내가 리더입니다"라고 확실히 선언하고, 팀원들에게 서브 리더(sub leader), 회계 담당, 섭외 담당 등의 역할을 부여한다.

그러면 자신을 포함한 팀원들이 각자의 역할에 따른 행동을 연기하기 시작할 것이다. 직무가 사람을 만든다고 하듯이 역할이 주어지면 자신이 해야 할 일이 보이기 때문에 스스로 행동하기 쉬워진다.

● 일단 결정한 것은 할 수 있다는 생각만 하라

자신이 좋아하는 일이나 하고 싶은 일을 선택하고 집중할 때는 '잘될지 어떨지 모르겠어', '내 주제에 이게 가능할까 싶은데'라는 식의 말은 하지 않는다.

우리 문화에서는 겸손하게 자신을 낮추는 태도를 미덕으로 여긴다. 커뮤니케이션을 할 때는 겸손한 태도가 상대의 호감을 사겠지만, 성과를 올려야 할 때 '준비가 부족해서', '경험이 부족해서'라는 식으로 말하는 것은 실패를 대비해 미리 방패막이를 세우고 변명하는 행위다.

이런 행위를 '자기불구화(self-handicapping)'라고 한다. 자기불구화는 일이 잘되지 않았을 경우 자존심을 지키기 위한 행동이며, 자신이 선택한 결과에 책임지고 싶지 않다는 욕구를 표현하는 것이기도 하다. 또한 자신에게는 특별히 불리한 여건이 있어서 부족한 점이나 좋지 않은 점을 개선할 수 없다고도 한다.

애써 해야 할 일을 선택하고 시작하더라도 도망갈 구멍을 미리 만들어두면 아무래도 방심하게 되어 집중력이 떨어지기 쉽다.

자신이 한번 내린
결정에 대해서는 도망갈
구멍을 마련하지 말고 책임지자.
24시간 동안 해야 할 일에 집중하는 데도,
비즈니스에서 성과를 내는 데도,
삶을 충실하게 살아가는 데도
매우 중요한 자세이다.

The answer
of life that
Harvard
University
put out
over 80 years

PART
05

하버드대학이
80년에 걸쳐 내놓은
인생의 답

인간관계가 좋으면
집중력이 올라간다

● 사람 스트레스에 낭비하는 시간과 에너지

우리가 자신의 24시간을 소중히 생각하고, 다양한 연구 결과를 바탕으로 자신을 바꾸려고 해도 쉽사리 뜻대로 되지 않는 것이 있다. 바로 인간관계다.

우리는 나 혼자 사는 것이 아니라 사회 속에서 다른 사람들과 어우러져서 살아간다. 자신의 시간을 소중히 여기려고 해도 인간관계에 문제가 있으면 온전히 자신을 위해 쓰지 못하며 살아가게 된다.

따라서 인간관계를 재검토하거나 바람직한 관계를 만드는

것은 오늘 하루에 집중하는 데 있어서 가장 중요한 일이다. 이번에는 자신의 능률을 올릴 수 있는 바람직한 인간관계를 구축하는 방법과 인간관계에서 스트레스를 줄이는 방법을 세계적인 지혜를 통해 알아보자.

상사나 동료와 뜻이 맞지 않거나, 의사소통이 잘되지 않거나, 어떤 방식으로든 괴롭힘을 당하는 사람들이 있을 것이다. 상사나 조직의 업무 진행 방식이 합리적이지 않거나 성실하지 못한 사람들과 함께 일하다 보면 스트레스를 받게 된다. 혹은 자신이 하는 일에 대한 평가와 대우가 적절하지 않거나, 회식 등 근무시간 외의 일정에 참가하라고 강요하는 경우에도 스트레스를 받는다.

일본 후생노동성의 〈2021년 노동안전위생조사(실태조사)〉에 따르면 25.7퍼센트가 직장 내의 대인관계로 인해 심각한 스트레스를 받고 있다고 답했다. 노동조사조합이 2021년에 실시한 설문조사에서도 16.5퍼센트가 직장 내의 인간관계로 고민하고 있다고 했으며, 12.7퍼센트가 스트레스를 느끼고 있다고 답했다.

● 좋은 사람과 일하면 잘될 수밖에 없다

직장 내 인간관계는 업무 효율이나 생산성에 큰 영향을 미친다. 조직의 형태나 인간관계에 문제가 있으면 당연히 일을 하고자 하는 의욕이 떨어지고 의사소통이 원활하지 않는다. 그러면 업무에 지장이 생기고 이직하는 사람들이 늘어나서 우수한 인재가 유출되거나 인력이 부족해질 수 있다.

직장 내 인간관계와 업무 효율의 관계에 대한 실험으로 유명한 것이 '호손 실험'이다. 1927년부터 1932년까지 당시 하버드 대학교 교수였던 엘튼 메이요(Elton Mayo) 교수 팀이 통신기기 제조 회사인 웨스턴 일렉트릭의 호손 공장에서 실시한 연구를 말한다.

교수 팀은 생산성을 높이기 위해 무엇이 필요한지 찾으려고 다양한 실험을 반복한 끝에 생산성을 향상하는 데 가장 큰 영향을 미치는 것은 근로시간이나 휴게 시간, 급여나 물리적 노동 환경이 아니라 인간관계라는 결론에 도달했다.

내 인생을 빛나게 해줄
소중한 관계

● 적당히 일하고 적당히 살면 행복할까?

여기에서 모두 알아야 할 것이 하나 있다. 바로 조직의 인간
관계는 본래 깨질 운명이라는 것이다. 기본적으로는 사람이 많
을수록 주인 의식을 가진 사람들이 줄어들기 때문이다. 그 결
과 조직 전체의 생산성이 떨어지거나 다양한 인간관계에 문제
가 발생한다.

우리가 다니는 회사를 떠올려보자. 회의에서 적극적으로 발
언하는 사람, 회사의 실적 향상에 기여하는 사람은 한정되어
있지 않은가?

상사나 동료 중에 의욕이나 열의, 진취성이 전혀 없는 사람, 게으름만 피우는 사람, 성과를 내지 못해 회사에 전혀 도움이 안 되는 사람, 시키는 일만 하는 사람이 있지 않은가? 대단한 일을 하지도 않으면서 터무니없이 높은 임금을 받는 사람은 없는가? 그런 사람들을 보면 스트레스나 불만이 쌓이고, 자신의 동기부여와 생산성이 떨어지지 않는가?

일에 대해 긍정적이지 않은 사람은 주인 의식이 없는 사람이라고 할 수 있다. '적극적으로 행동하고, 업무를 통해 제대로 성과를 내야 한다', '회사의 실적 향상에 기여해 연봉을 올리고 싶다'라는 의식이 없고, '적당히 일하고 적당히 월급만 받으면 돼', '내가 노력하지 않아도 다른 사람이 열심히 해줄 거야'라고 생각하는 것이다.

● 열심히 하면 손해라는 심리

사람들이 많을수록 주인 의식을 가진 사람들이 줄어드는 것은 '방관자 효과(bystander effect)'가 작용하기 때문이다. 방관자 효과란 집단 심리를 나타내는 사회심리학 용어로, '내가 하지 않아도 다른 누군가가 할 거야'라고 생각해 솔선수범하지 않는 심리 상태를 말한다.

　뉴욕대학교의 존 달리(John Darley)와 컬럼비아대학교의 빕 라텐(Bibb Latane)은 방관자 효과에 관해 다음 실험을 실시했다. 그 결과 다른 사람이 있는 상황에서는 개개인의 책임감이 희미해지고, 인원수가 늘어날수록 방관자가 되어 스스로 움직이지 않는 경향이 있다고 한다.

　1913년에 실시한 프랑스 농공학자 막시밀리앙 링겔만(Maximilien Ringelmann)의 실험도 유명하다. 링겔만은 1명에서 8명까지 그

방관자 효과 실험

실험자 존 달리(뉴욕대학교), 빕 라텐(컬럼비아대학교)

방법 대학생을 2명, 3명, 6명의 그룹으로 나누어 각 그룹 내에서 토론을 하게 했다. 토론 중에 갑자기 참가자 한 명(미리 계획된 사람)이 발작을 일으켰을 때 어떤 행동을 보인 학생의 수와 행동할 때까지 시간을 계측했다.

결과 2명 그룹에서는 전원이 행동을 취했지만, 6명 그룹에서는 62퍼센트만이 행동을 취했고, 행동하기까지 시간도 오래 걸렸다.

룹에게 각각 줄다리기를 시키고 당기는 힘을 측정했다. 1명일 때의 힘을 100퍼센트라고 했을 때 2명일 때는 93퍼센트, 3명일 때는 85퍼센트로, 인원이 늘어날 때마다 1인당 당기는 힘이 줄어들었고, 8명일 때는 39퍼센트까지 줄었다.

같은 그룹의 인원이 늘어날수록 사람의 마음에는 자연스럽게 '내가 전력을 다하지 않아도 다른 사람이 열심히 해주니까 괜찮아'라는 마음이 싹튼다. 이것을 '링겔만 효과' 혹은 '사회적 태만(social loafing)'이라고 부른다.

게다가 달리와 라텐이 실시한 또 다른 실험에 따르면 이러한 사회적 태만은 무의식중에 나타난다고 한다.

● 의욕적인 일개미들과 함께하라

지금까지 살펴봤듯이 기업이든 사회이든 팀이나 그룹 등에 인원이 많아질수록 방관자 효과나 링겔만 효과가 작용한다. 자신의 일을 책임지지 않으려는 사람, 노력하지 않는 사람들이 늘어나 집단의 동기부여와 조직의 생산성이 떨어진다. 폐해는 그뿐이 아니다.

'일개미의 법칙'은 아마 많은 사람들이 알고 있을 것이다. 일개미의 법칙이란 개미 집단을 일 잘하는 개미, 보통 개미, 일하지 않는 개미의 세 종류로 나누었을 때 일을 잘하는 개미가 전체의 20퍼센트, 일을 하기도 하고 하지 않기도 하는 보통 개미가 60퍼센트, 일을 전혀 하지 않는 개미가 20퍼센트라는 법칙이다. 이는 인간 사회에도 해당한다.

예를 들어 조직에 100명의 사람들이 있다고 하면 20명은 열심히 일하고, 60명은 평범하게 일하며, 20명은 일을 잘 하지 않는다. 그러다 열심히 일하던 20명의 부담이 커지고 다른 사람들의 근무 태도에 불만을 느끼고 회사를 나가버린다. 조직에 남은 인원이 80명이 되면 그중에 16명은 열심히 일하고, 48명은 평범하게 일하며, 16명은 일을 잘 하지 않는다.

의욕이 없는 직원이 많으면 의욕적으로 일하는 직원의 부담이 커져서 결국 조직 전체의 생산성이 떨어지고 이직률이 높아진다. 이런 조직은 도태될 수밖에 없다.

일에 대한 동기부여를 유지하고 업무에 적극적으로 참여해 수입을 늘리고 싶은 사람은 능력이 부족한 상사나 의욕이 떨어지는 동료에게 기대하거나 불만 또는 스트레스를 품을 때가 아니다.

방관자 효과와 링겔만 효과가 작용하는 이상, 조직에서 그런 사람이 일정 수 이상 존재하는 것은 어쩔 수 없는 일이다. 거기에 에너지나 시간을 쏟기보다 조직 안에서 정말 소중히 여겨야 할 상대와 이상적인 인간관계를 구축해야 한다. 그것이 한정된 자신의 시간을 의미 있게 사용하고 능률을 높여 업무적으로 성공하고 풍요로운 삶을 살 수 있는 열쇠이다.

신뢰하는 사람과 함께하면
집중력이 배가된다

● 싫어하는 상사 밑에서 사망 위험률이 60퍼센트 올라간다

정말 소중히 여겨야 할 상대와 이상적인 인간관계를 구축하는 것은 스트레스를 줄이고 뇌의 기능과 업무 능률을 높여 사람을 건강하고 행복하게 만든다.

하버드대학교에는 1938년부터 80년 이상(발표된 연구에서는 75년간의 데이터를 검토)에 걸쳐 '행복한 인생'에 대해 연구하는 연구자들이 있다. 그들은 피험자 약 700명의 삶을 추적해서 기록했고, 현재는 2천여 명에 이르는 피험자의 자녀들에 대한 연구도 수행하고 있다.

실험자 조지 베일런트 팀(하버드대학교)

방법 1938년 시점에서 하버드대학교 졸업생과 보스턴에서 가장 빈곤한 지역에 사는 소년들 총 742명을 대상으로 인터뷰와 설문조사를 통해 일과 가정생활, 건강에 대한 질문을 지속적으로 실시했다.

결과 가족, 친구, 커뮤니티와 연결되어 질 좋고 따뜻한 인간관계 속에 사는 사람은 사회관계가 희박한 사람보다 행복하고 건강하며 오래 산다. 또한 사이가 좋은 80대 부부는 신체적 통증이 많아도 자신들은 행복하다고 여겼고, 좋은 인간관계가 없는 사람은 신체적, 정신적 통증을 더 많이 느꼈다. 게다가 신뢰할 수 있는 상대가 있는 사람의 기억력이 오래가고, 신뢰할 만한 상대가 없는 사람은 기억력이 빠르게 떨어지는 경향을 보였다.

이 연구 결과에 따르면, 사람의 행복과 건강을 높여주는 것은 집안, 학력, 직업, 주위 환경, 연봉이나 노후자금 등이 아니라 질 좋은 인간관계인 것으로 나타났다. 친구의 수는 상관없이 단 한 명이라도 진심으로 신뢰할 수 있는 상대가 있는 사람, 따뜻한 인간관계 속에 사는 사람은 뇌가 건강하게 유지되고, 심신의 고통이 완화되어 더 오래 산다.

반대로 고립감을 느끼는 사람은 자신이 주위 사람들보다 더 불행하다고 여기고, 중년 이후 건강을 해치거나 뇌 기능이 약해지기 쉬우며, 고립되지 않은 사람에 비해 수명이 짧은 경향이 있었다.

이외에도 싫어하는 상사 밑에서 일하는 직원은 좋아하는 상사 밑에서 일하는 직원에 비해 심장마비나 뇌졸중으로 죽을 위험이 60퍼센트 높고, 사람들 간의 관계가 대체로 나쁜 회사에 다니는 직원들은 고혈압이나 높은 콜레스테롤, 당뇨병에 걸릴 확률이 20퍼센트 증가한다는 보고도 있다.

● 긍정적인 친구가 긍정적인 미래로 이끌어준다

그렇다면 정말 소중히 여겨야 할 상대는 어떤 사람이고, 이상적인 인간관계란 어떤 것일까? 무엇보다 중요한 것은 긍정적인 사람, 신뢰할 수 있는 사람과 함께 시간을 보내는 것이다.

아이치의과대학의 마쓰나가(Matsunaga) 팀은 18~25세의 피험자들에게 가공의 라이프 이벤트나 인간관계를 다룬 스토리를 읽게 하고, 주인공이 되는 상상을 했을 때의 반응(침에 포함된 행복 호르몬이라고도 불리는 세로토닌의 양)을 조사했다.

라이프 이벤트의 내용은 긍정적, 중립적, 부정적인 것 3가지였고, 인간관계도 긍정적인 친구, 부정적인 친구, 친구 없음이라는 3가지 패턴으로 나누었다. 그 결과 긍정적인 친구가 있다고 느낀 피험자의 행복도가 현저히 높은 것으로 나타났다.

긍정적이고 행복한 친구가 있는 경우에는 비록 라이프 이벤트가 부정적이라도 행복을 느끼는 경향을 보였다. 반대로 부정적인 친구가 있는 경우에는 친구가 없는 경우보다 행복도가 떨어지는 경향을 보였다.

인간관계에 따라 행복도가 좌우되는 것은 인간에게 높은 공감 능력이 있기 때문이다. 사람은 마주하고 있는 상대, 가까이 있는 상대가 표현하는 감정을 그대로 받아들여 비슷한 감정을 느낀다. 그렇기 때문에 긍정적인 사람과 함께 시간을 보내야 인생이 긍정적인 방향으로 나아갈 수 있다.

● 나를 움직이게 만드는 사람들

물론 일할 때의 인간관계도 마찬가지다. 매사에 적극적인 사람이 있으면 적극적으로, 동기부여가 높은 사람과 있으면 의욕적으로 일한다. 반면 부정적인 사람, 소극적이고 동기부여가 낮은 사람과 관계를 맺는 데 시간과 에너지를 소비하는 것은 자신의 비즈니스에 결코 도움되지 않는다.

또한 직장에 단 한 명이라도 신뢰할 수 있는 사람이 있는지도 인간관계의 만족도를 크게 좌우한다.

2016년에 실시한 직장 동료와 인간관계를 맺는 것에 관한 설문조사(엔재팬 주식회사가 운영하는 인재 소개 사이트)에 따르면 직장 내에 신뢰할 만한 동료가 있는 사람 중에 61퍼센트가 "직장의 인간관계에 만족한다"고 답했다. 직장 내에 신뢰할 만한 동료가 없는 사람 중에서는 23퍼센트만이 "직장 내 인간관계에 만족한다"라고 답했다. 몸담고 있는 회사에 신뢰할 수 있는 사람이 있을 때 인간관계에 대한 만족도가 높아진다는 것이다.

신뢰할 만한 사람이 옆에 있으면 어떤 일을 달성하는 데 큰 힘이 된다.

다시금 직장 상사나 동료, 거래 상대에 대해 생각해보자. 진심으로 신뢰할 수 있는 사람, 자신의 일에 대한 의욕을 끌어올리고 긍정적인 분위기를 만들어줄 사람이 있는가?

인간관계에 어느 정도 선을 긋고, 신뢰할 만하고 긍정적인 사람들과 관계를 맺는 데 더 많은 시간과 에너지를 할애하면 자신의 비즈니스를 성공적으로 이끌고, 건강하고 행복한 삶을 살 수 있다.

나의 동조자를
단 한 명이라도 만들어라

● 내가 능력을 발휘할 수 있는 곳인가?

직장에 한 사람이라도 신뢰할 수 있는 동료가 있고, 좋은 인간관계 속에서 일할 수 있으면 일에 대한 동기부여가 높아지는 동시에 일과 급여, 삶에 대한 만족도가 높아진다.

미국에서 500만 명을 대상으로 진행된 직장 내 인간관계에 대한 조사에 따르면 직장에 3명 이상의 친구가 있는 사람은 삶의 만족도가 96퍼센트 상승하고, 설령 실제로 손에 쥐는 금액이 많지 않더라도 급여에 대한 만족도가 2배 더 높다고 한다. 또한 직장에 최고의 친구가 있는 경우에는 일의 동기부여가 7배 더 높다는 결과가 나왔다.

신뢰할 수 없거나 매사에 소극적이고 의욕이 없는 상사나 동료와 함께 일하다 보면 자신의 동기부여도 떨어지고, 업무도 원활하게 진행되지 않는다는 것은 누구나 경험을 통해 느꼈을 것이다.

그러나 애석하게도 직장에 신뢰할 수 있는 사람은 별로 많지 않다. 일본의 후생노동성이 2014년에 발표한 '일하기 좋고 보람 있는 직장 만들기에 관한 조사'에 따르면 "일을 하면서 존경하고 신뢰할 수 있는 상사나 선배가 있다"라고 대답한 사람은 불과 12.2퍼센트였다. 90퍼센트에 가까운 사람은 직장에 신뢰할 수 있는 사람이 없고, 직장 내 인간관계에 대한 만족도가 낮기 때문에 업무 능률이 충분히 발휘되지 못한다.

● 나의 능력을 높여주는 사람은 누구인가?

직장에 한 명이라도 신뢰할 수 있는 동료가 있으면 업무를 수행하는 능력도 향상된다. 주위 사람들과 다른 행동을 하면 쉽게 불안해지고, 같은 행동을 하는 데서 안도감을 느끼기 때문에 아무리 강한 신념을 가지고 있어도 주위의 동조 압력(다수의 의견에 따르도록 암묵적으로 강제하는 것)에 굴복하기 쉽다.

자신은 흰색이라고 생각해도, 주변에서 검정이라고 하면 흰색이라고 주장할 수 없거나 '정말 흰색일까?'라고 자신의 신념

동조 압력 실험

실험자 솔로몬 애쉬(스워스모어칼리지)

방법 기준이 되는 1개의 선이 그어진 카드와 길이가 다른 3개의 선이 그어진 카드를 피험자에게 보여주고, 전자의 카드 선과 같은 길이의 선을 후자의 카드에서 고르게 했다. 7명의 피험자를 대상으로 12회 실시했는데, 7명 중 6명은 실험 도우미이고, 진짜 피험자는 일곱 번째로 응답하는 한 명뿐이다. 6명의 실험 도우미 모두 12회 중 7회를 같은 오답을 말한다.

결과 37퍼센트의 피험자가 한 번은 잘못된 답을 말했다. 특히 실험 도우미 전원이 오답을 냈을 때 피험자도 틀리는 경우가 많았고, 한 명이라도 정답을 말하는 피험자가 있으면 정답률이 크게 올라갔다. 모든 회차에서 피험자와 같은 선을 선택한 사람이 한 명 있으면 다수의 의견에 동조할 확률은 5.5퍼센트까지 감소해 본래의 정답률에 가까워졌다.

에 의문이 생긴다. 그럴 때 한 사람이라도 흰색이라고 말해준다면 자신의 신념을 관철하고 흰색이라고 주장하기 쉬워진다.

스워스모어칼리지의 사회심리학자 솔로몬 애쉬(Solomon Asch)는 1950년대에 주위 사람들의 의견이 미치는 영향에 대한 실험을 실시했다. 이것이 유명한 '애쉬의 동조 실험'이다. 실험 결과에 의하면 사람은 동조 압력에 굴복해 다수 의견에 휩쓸리기 쉬우며, 숫자가 적어도 아군이나 같은 의견을 가진 사람이 있으면 자신의 생각을 솔직히 말하기 쉬운 경향을 보였다고 한다.

자신이 업무에서 어떤 미션을 달성하고 싶다면 반대 의견을 가진 사람, 생각이 다른 사람을 무작정 설득해 합의를 얻으려고 하기보다 우선 자신의 생각을 이해하고 동참할 수 있는 사람을 한 명이라도 찾는 것이 좋다. 그래야 반대 의견에 굴하지 않고 자신 있게 행동할 수 있다.

특히 반대하는 사람이나 동조하지 않는 사람이 더 많을 때는 "그 사람들은 대단한 신념이나 생각이 있는 것이 아니라 무의식적으로 다수파의 의견을 따르고 있을 뿐"이라고 단호하게 생각할 필요도 있다.

상대가 나에게
집중하게 만들어라

● 신뢰와 호의는 반드시 돌아온다

상대의 행복을 생각하는 일은 신뢰할 수 있는 사람과 더 좋은 관계를 맺는 방법 중 하나이다.

사람들은 자신의 존재를 인정해주는 사람, 신뢰를 주는 사람, 호의를 베푸는 사람을 좋아한다. 반면 나를 인정해주지 않는 사람, 나에게 적의를 품고 나를 신뢰하지 않는 사람, 안 좋은 태도를 보이는 사람을 싫어한다. 그리고 나에게 좋은 감정을 심어준 사람에게 의리를 지키고 은혜를 갚으려고 한다. 이것이 '호의의 보답성(reciprocity of favors)'이다.

이 사람은 신뢰할 수 있다고 생각하면 먼저 나부터 호의를 보이면서 상대가 좋아할 만한 행동을 하면 더욱 바람직한 관계로 발전할 것이다.

행복도를 높이는 요인 실험

실험자 더글러스 젠타일 팀(아이오와주립대학교)

방법 대학생 496명을 4개의 그룹으로 나눠 구체적인 한 사람을 떠올리게 했다. ①그룹은 그 사람이 행복했으면 하는 상냥한 마음을 품고, ②그룹은 그 사람과 자신에게 어떤 공통점이 있는지 생각하고, ③그룹은 그 사람보다 내가 더 나은 점이 무엇인지 생각하고, ④그룹은 그 사람의 복장이나 소지품을 생각하면서 12분 동안 대학을 산책하라고 했다. 그다음 산책 전후의 불안, 행복도, 스트레스, 공감성, 타인과의 연결 등을 점수로 매겼다.

결과 산책 후 가장 행복도가 높아지고 불안감이 줄었으며 공감성이나 타인과의 연결에서도 긍정적인 효과를 보인 것은 타인의 행복을 원했던 ①그룹이었다. 자기중심적인 경향이 강한 사람이든 협조를 잘하는 사람이든 개인차는 관계없이 ①그룹의 사람들은 똑같이 행복도가 높아졌다.

또한 어떻게 하면 신뢰할 수 있는 사람이 행복할지를 생각하면서 행동하면 자신의 행복도 높아진다. 캘리포니아대학교의 심리학자 소냐 류보머스키 팀은 실험을 통해 타인을 위해 행동하면 자신도 더욱 행복을 느낀다는 결론에 이르렀다.(115쪽 참고)

아이오와주립대학교 더글러스 젠타일(Douglas Gentile) 팀의 실험에서는 "타인의 행복을 바라면 자신도 행복해진다"는 결과가 나왔다.

비즈니스에서든 일상생활에서든 자신이 신뢰할 수 있는 사람, 자신을 이해해주는 사람의 행복을 위해 행동하는 것은 좋은 인간관계를 구축하고 능률을 높이기 위해, 그리고 행복하고 만족스러운 삶을 살기 위해서도 매우 중요한 일이다.

● 인사만 해도 호감도 급상승

신뢰할 수 있는 사람, 소중히 해야 할 사람과 관계를 돈독히 하는 방법으로 '인사'를 들 수 있다. 사람은 호의를 품지 않거나 잘 모르는 상대와 돈독한 관계를 맺을 수는 없다. 인사는 상대에게 호감을 주고 자신을 알리기 위한 첫걸음이다.

인사하는 것이 그렇게 큰 효과가 있느냐는 의문이 들 수도

있지만, 인사가 인간관계에 큰 영향을 준다는 것은 실험으로
도 증명되었다. 캔자스대학교의 에드워즈(Edwards)와 존스턴
(Johnston)은 인사에 관한 실험을 실시한 결과 당연하게도 학생
들은 인사를 해주는 운전기사를 그렇지 않은 운전기사보다 호
의적으로 느꼈다.

진화의 관점에서 봤을 때 인사는 적인지 아군인지 구분하기

인사의 효과 실험

실험자 에드워즈, 존스턴(캔자스대학교)

방법 다양한 인원, 다양한 학년의 스쿨버스에서 운전기사
가 "안녕하세요", "안녕히 가세요"라는 인사를 했을 때 학생
들이 어떤 반응을 보이는지 조사했다.

결과 운전기사가 인사를 하지 않으면 학생들은 그날 하루
에 인사를 평균 0~0.25회밖에 하지 않았지만, 운전기사가
인사를 하자 평균 10회 전후로 늘어났다. 학생들이 자진해
서 인사하는 경우도 5회 전후로 증가했다. 또한 학생들은
인사를 건네는 운전기사에게 더 쾌적한 서비스를 받았다
고 느꼈다.

위해 인류가 생각해낸 수단이라고도 할 수 있다. 인사를 통해 사람은 상대에게 "나는 당신의 적이 아닙니다"라는 메시지를 보내고, 상대도 그것을 받아들인다. 또한 인사는 호의를 표하는 행위이기 때문에 '호의의 보답성'에 따라 상대가 나에게 호의적으로 대해줄 가능성도 커진다.

인사는 비용이 들지 않고, 어느 때라도 쉽게 할 수 있는 방법으로 인간관계를 구축하는 데 다양한 이점을 기대할 수 있다. 특히 어떤 성과를 올리기 위해 도움을 얻고자 하는 사람에게는 적극적으로 인사를 하자.

호의적으로 받아들일 수 있도록 밝은 목소리 톤과 웃는 얼굴로 인사한다. 가능하면 "○○씨 안녕하세요" 같은 식으로 이름을 불러서 상대의 승인 욕구를 채우는 것도 중요하다.

● 상대의 마음을 잘 여는 오프너

신뢰할 수 있는 사람을 찾기 위해서도, 소중한 사람과 좋은 인간관계를 구축하기 위해서도, 꼭 터득해야 할 것이 있다. 바로 관찰력, 즉 상대의 생각이나 행동 원리를 제대로 이해하는 능력이다.

옥스퍼드대학교의 칼(Carl)과 빌라리(Billari)는 GSS(응답자의 행동, 사교성, 경제적 특징 등에 관한 미국의 사회조사)를 토대로 편중되지 않게 모은 피험자에게 어휘력을 시험하는 지력 테스트와 인터뷰에 의한 평가를 실시했다. 그 결과 경제력, 학력, 파트너 유무 등과 관계없이 지력이 높은 사람은 낮은 사람보다 사람에 대한 신뢰도가 34퍼센트 높은 것으로 나타났다.

이에 대해 칼과 빌라리는 지력이 높은 사람은 뛰어난 관찰력과 사람을 간파하는 능력으로 항상 신뢰할 수 있는 사람을 선택하기 때문에 다른 사람을 의심할 필요가 없다고 보았다. 또한 관찰력이 부족한 사람은 주위에 믿지 못할 사람이 많아 배신당하는 경험을 해왔기 때문에 다른 사람을 신뢰하지 못한다고 고찰했다.

누군가와 신뢰 관계를 구축하려면 서로 마음을 열어야 하는데 심리학에서는 상대의 마음을 잘 열 수 있는 사람을 오프너(opener)라고 부른다. 사우스캘리포니아대학교의 밀러(Miller) 팀은 오프너의 특징으로 다음을 꼽았다.

- 자신의 약점이나 강점, 성격 등을 객관적으로 파악하고 있다(자기인식력이 높다).

- 매사를 다양한 시점에서 보는 능력이 있다.
- 말솜씨가 좋기보다 다른 사람의 이야기에 귀 기울인다.

남의 이야기를 끝까지 제대로 듣고, 상대의 생각이나 행동 원리를 깊이 이해하며, 자신과 다른 부분이 있어도 괜찮다고 받아들이는 자세는 공평하고 제대로 된 인간관계를 구축하는 데 꼭 필요하다.

능력 있는 사람을
사귀는 데 집중하라

● 불필요한 일만큼이나 끊어야 할 불필요한 사람

이제는 반대로 시간과 에너지를 소비하면서까지 소중히 대할 필요 없는 상대를 판별하는 방법을 알아보자.

'이 사람과는 너무 깊이 사귀지 않는 편이 낫겠어.'

'이 사람의 말은 별로 신경 쓰지 않아도 되겠어.'

이런 판단을 빨리 내릴 수 있다면 그만큼 소중한 사람과 관계를 맺는 데 더 많은 시간과 노력을 투입할 수 있다.

일단 중요한 것은 표정이 어둡거나 비판적 부정적 공격적인 언행을 많이 하는 부정적인 사람과 최대한 거리를 두는 것이다. 이미 언급했듯이 사람은 대면하는 상대, 가까이 있는 상대가 내보내는 감정을 그대로 받아들여 비슷한 감정을 품는다. 따라서 긍정적인 사람과 함께 시간을 보내면 긍정적인 기분이 들고, 인생도 긍정적인 방향으로 나아간다. 하지만 부정적인 사람과 보내는 시간이 길어질수록 부정적인 생각을 하게 되고 인생도 부정적인 방향으로 흘러갈 수 있다.

조지타운대학교의 크리스틴 포래스(Christine Porath)와 아미르 에레즈(Amir Erez)의 '폭언으로 인한 악영향'에 관한 연구에서는 다음과 같은 결과가 나타났다.

- 직접 폭언을 당한 사람은 작업 처리 능력이 61퍼센트, 창의력이 58퍼센트 떨어진다.
- 폭언하는 사람의 주위에 있거나 같은 그룹에 소속되어 있으면 처리 능력이 33퍼센트, 창의력이 39퍼센트 떨어진다.
- 폭언하는 장면을 목격하면 처리 능력이 25퍼센트, 창의력이 45퍼센트 떨어진다.

사람은 원래 긍정적인 것보다 부정적인 것으로 의식이 향하는 부정 편향을 가지고 있다. 따라서 애써 긍정적인 사람과 좋은 인간관계를 구축하고 있어도 부정적인 사람이 가까이 있으면 그쪽의 영향을 더 많이 받을 우려가 있다.

비즈니스에서든 일상생활에서든 긍정적인 자세를 유지하고 싶다면 부정적인 사람과 깊은 관계를 맺지 않고, 그 사람이 무슨 생각을 하는지 상상하는 것도 피하자.

● 능력이 낮은 사람일수록 자신을 과대평가한다

항상 잘난 척하는 태도로 사람을 대하거나 거만한 자세로 매사를 평가하며 상대의 단점을 지적하는 사람도 주의해야 한다.

코넬대학교의 데이비드 더닝(David Dunning)과 그 제자인 저스틴 크루거(Justin Kruger)는 오랜 세월 사람의 인지에 대한 연구를 거듭한 결과 능력이 낮은 사람일수록 자기 자신을 객관적으로 볼 줄 아는 메타 인지가 잘되지 않는다고 밝혔다. 자신의 미숙함이나 타인의 높은 기술력을 제대로 인식하지 못하고 자신을 과대평가하는 경향이 있는 사람일수록 근거 없는 자신감을 갖고 잘난 척하는 경향이 강하는 것이었다. 이를 '더닝-크루거 효과(dunning-kruger effect)'라고 한다.

자신은 일도 잘 못하면서 부하직원에게 설교를 늘어놓는 상

실험자 데이비드 더닝, 저스틴 크루거(코넬대학교)

방법 유머, 문법, 논리 테스트를 실시했다. 예를 들어 유머에 관해서는 피험자인 대학생 65명에게 30개의 농담을 읽은 다음 얼마나 재미있었는지 평가하라고 했다. 동시에 "당신의 유머 이해도는 또래 중에서 어느 정도 수준이라고 생각합니까?"라는 질문으로 자신의 유머 감각을 평가하게 했다.

결과 실제로 유머 이해도 순위가 낮은 사람일수록 자신이 유머 감각이 있다고 평가하는 경향이 있었다. 또 성적 하위 25퍼센트 이내인 사람들은 대체로 자신이 상위 40퍼센트 정도에 속한다고 과대평가했다. 성적 상위 25퍼센트 이내의 사람들은 평균적으로 자신이 상위 30퍼센트 정도에 속한다고 과소평가하는 경향이 있었다.

사, 실수를 해서 혼나도 다른 사람의 주의를 듣지 않는 사람이 있지 않은가? 이것은 모두 더닝-크루거 효과에 의한 것이다.

자신의 잘못과 약점, 역부족을 인정하면 자신의 존재 의의가 흔들리기 때문에 특히 능력이 낮은 사람일수록 지나치게 자신을 지키려다 현실에 대한 인식을 왜곡한다.

능력이 뛰어나지도 않은데 태도가 거만한 사람, 자신의 잘못을 인정하거나 개선하려고 하지 않는 사람을 상대하다 보면 스트레스를 받게 마련이다. 그런 사람이 하는 말이나 평가에 흔들리는 것은 시간과 에너지 낭비일 뿐이다. 그러니 너무 깊이 관계를 맺을 필요도 없고, 그들의 말을 신경 쓸 필요도 없다.

반면 자신의 능력을 냉정하고 객관적으로 평가할 수 있는 사람은 그리 많지 않다. 그래서 반대로 자신의 능력 부족을 인정하고 그것을 극복하기 위한 노력을 할 수 있다면 남들보다 몇 배 더 성장할 수 있다.

예를 들어 하는 일이 잘 안 풀릴 때는 남 탓을 할 것이 아니라 자신이 미숙해서 그런 것은 아닌지, 자신에게 잘못은 없는지 생각해보고 그 부분을 개선하기 위해 노력해보자.

자문자답하는 습관을 들이면 자신의 능력과 행동을 올바르게 평가할 수 있다. 능력이 부족한 자신을 지키기 위해 사실을 왜곡하면서 가식적인 자신감을 드러내는 것이 아니라 올바른 인식을 바탕으로 진짜 자신감을 갖게 될 것이다.

매몰비용을 발생시키는
인간관계는 멀리한다

● 시간이라는 돈을 허비하게 만드는 사람들

인간관계에 관해서 무엇보다 유념할 것은 신뢰할 수 없는 사람이나 어떤 일을 하는 데 방해되는 사람에게 시간이나 에너지를 소비해서는 안 된다는 점이다.

어떤 사업에 투자했지만, 아무리 생각해도 회수가 불가능한 노력, 자본, 시간 등을 매몰비용이라고 한다. 지금까지 들인 노력, 돈, 시간 등이 아까워서 중단하지 못하는 것이 매몰비용 효과이다.

이것은 인간관계에도 영향을 미친다. 예를 들어 짝사랑하는 상대에게 전력을 다할수록 '이렇게까지 했으니 어떻게든 나를 좋아하게 만들어야 해', '조금만 더 열심히 하면 상대의 마음이 바뀔지도 몰라'라고 기대한다. 혹은 누군가를 돌봐줄수록 '이렇게까지 해줬으니 나한테 감사해야지', '이제 와서 떠날 수 없어'라는 마음이 들기도 한다.

마찬가지로 직장에서 도움되기는커녕 스트레스만 주고 일하는 데 방해만 되는 동료인데도 에너지나 시간을 소비해 관계를 구축하고 나면 매몰비용 효과가 발동할 위험이 있다.

자신을 부정하고 지적만 하는 상대에게 어떻게든 인정받고 싶거나 자신을 좋아하지 않아 불편한 상대와 그래도 좋은 관계를 맺고 싶어서 노력할수록 매몰비용은 커지고 포기하기 어려워진다. 하지만 그 인간관계가 결국 자신의 비즈니스에 긍정적인 효과를 가져다준다는 보장은 없다.

《논어(論語)》〈학이(學而)〉편에 이런 말이 있다.

"남이 나를 모르는 것을 한탄하지 말고, 내가 남을 모르는 것을 한탄하라.(不患人之不己知 患不知人也)"

"다른 사람이 나를 몰라주는 것을 한탄하기보다 내가 다른 사람을 알지 못하는 것에 신경 쓰자"는 뜻이다.

사람들은 내가 원하는 대로 나를 봐주지 않는다. 또한 다른 사람들이 어떻게 생각하는지 신경 쓰면 행동하기가 어렵다. 그러니 꼭 매몰비용이라는 개념을 머릿속 한구석에 두고 인간관계를 재검토해보기 바란다.

부정적인 사람, 거만한 사람, 자신에 대해 신뢰나 호의를 느끼지 못하는 사람과는 처음부터 무리하게 관계를 맺지 않는다. 자신이 사실은 필요하지 않은 사람과 관계를 맺는 데 시간과 노력을 소비하고 있다고 느끼면, 그때까지 소비한 시간이나 에너지는 돌이킬 수 없다 생각하고 단호하게 포기하는 것이 좋다.

그다음 자신을 신뢰하고 힘이 되어주는 사람과 관계를 맺는 데 시간과 에너지를 할당하면 스트레스가 줄어들고 능률이 올라가며 비즈니스에서도 의미 있는 결과를 얻을 수 있다.

얽히고 싶지 않은데
무시할 수 없는 사람에게
대처하는 법

● 번번이 선을 넘는 사람들

지금부터는 자신이 일하는 데 방해되는 인간관계, 자신에게
바람직하지 않은 인간관계를 멀리하는 방법에 대해 알아보자.
그중에서도 특히 주의해야 할 사람은 바로 '이 선은 넘지 않으
면 좋겠어', '일에 집중하게 해줘'라는 나의 생각을 눈치채지 못
하거나 무시하면서 나를 휘두르는 상사나 동료들이다.

예를 들어 어떤 일을 하는 데 별 의미 없는 작업이나 자기가
직접 해야 할 일을 남에게 떠넘기고, 자신의 권력을 휘둘러 부

하직원과 후배에게 스트레스를 주며 괴롭히는 상사나 선배가 있다. 혹은 일에 대한 동기부여가 낮고 부정적인 말만 하는 동료도 있다.

아무리 '얽히지 말자', '신뢰할 수 있는 소중한 사람과 관계를 맺는 데 시간과 에너지를 쓰고 싶다'고 생각해도 상대가 접근해오면 성가셔도 어쩔 수가 없다. 특히 상사나 선배인 경우 무조건 무시할 수도 없다. 이런 경우 어떻게 대처하면 좋을까?

● 선을 넘지 못하게 경계를 치는 말

먼저 말로 마음의 경계를 친다. 되도록 얽히고 싶지 않은 상대가 있어도 조직의 상하 관계는 쉽게 바뀌지 않고, 원하는 부서로 이동하거나 이직하기도 쉽지 않다.

비즈니스 상황에서는 마음속으로 상대방을 아무리 거부해도 그것을 겉으로 표현할 수 없다. 하지만 말로 얼마든지 경계를 치고, 바람직하지 않은 상대를 멀리할 수 있다.

예를 들어 어릴 때 다음과 같은 말다툼을 한 적이 없는가?

나 : 왜 부딪혀!

상대 : 네가 먼저 쳤잖아?

나 : 안 쳤거든요?

상대 : 쳤거든요?

처음에는 서로 퉁명스럽게 반말을 하다가, 다음 대화에서는 존댓말을 사용한다. 이처럼 말다툼에서 갑자기 존댓말을 사용하는 것도 마음의 경계를 치는 방법 중 하나다.

● 존댓말로 마음의 경계를 유지한다

사람은 누구나 사적인 말투와 공적인 말투를 구분해서 사용한다. 사적인 말투는 자기보다 나이 많은 사람에게 반말을 하거나 지역 사투리와 같이 집 안에서 쓰는 말, 친구끼리 쓰는 말이다. 사회적으로 동등하거나 어느 정도 가까운 관계인 사람에게만 사적인 말투를 사용한다. 상대에게 동질감을 느끼고 상대가 자신의 영역 안에 있는 사람이라고 생각하는 것이다.

반면에 모르는 사람과 이야기하거나 공개적으로 이야기할 때 대개 존댓말로 하는 것이 공적인 말투이다. 상대에게 동질감을 느끼지 못하고 상대가 자신의 영역 밖에 있는 사람이라고 생각하는 것이다.

말다툼할 때 갑자기 존댓말을 사용하면 상대에게 '너와 동질감을 느끼지 못하며 너는 내 영역 밖에 있는 사람이다'라는 것을 표현할 수 있다. 한마디로 마음의 거리를 두고 있다는 표시다.

우리는 기본적으로 윗사람에게 존댓말을 쓰지만, 그래도 친밀감을 느끼는 상대, 신뢰하는 상대에게 때때로 반말을 섞거나 부드러운 투로 말한다. 그래서 되도록 얽히고 싶지 않은 상대에게 항상 존댓말을 사용하는 것은 마음의 경계를 쳐서 필요 이상으로 가까이 다가오지 못하게 만드는 효과적인 수단이 된다.

'잘하고 있어'라는
한마디에 집중하라

● 비판은 귀담아듣지 마라

아무리 관계를 맺을 필요가 없는 사람을 멀리하고, 말로 마음의 경계를 친다 해도 상대가 경계를 뚫고 공격해 오거나 나의 기분을 어지럽히는 언행을 할 수도 있다. 이럴 때는 어떻게 대처해야 할까?

화풀이라고 생각할 수밖에 없는 꾸지람을 듣거나 회의에서 불합리한 트집을 잡으면 기분이 언짢아지는 것은 당연하다. 이런 경우 불쾌한 기분을 감출 필요는 없다.

다만 말대꾸하거나 한숨을 크게 쉬거나 기분 나쁜 표정을 짓는 식으로 반격하는 것은 좋지 않다. 공격에 공격으로 받아치면 더 큰 공격이 돌아올 수 있다. 그러면 점점 부정적인 기분이 들고, 공격에 맞대응할수록 매몰비용 효과가 작용해 뒤로 물러서지도 못하고 거리를 두어야 할 상대와 관계를 끊을 수도 없다.

● 상황을 객관화하기 위해 3인칭을 쓴다

상대에게 공격받았을 때 대처하는 방법 중 하나는 3인칭으로 자신의 감정과 거리를 두는 것이다.

미시간주립대학교의 제이슨 모저(Jason Moser) 팀은 실험을 통해 기분이 언짢아지거나 화가 날 때 3인칭으로 자신의 상태를 표현하기만 해도 불쾌함이나 분노의 감정을 억제할 수 있다는 결론에 이르렀다.

불합리한 공격을 당했을 때는 '그는 지금 상사에게 분노를 느끼고 있다'라는 식으로 다른 사람의 일처럼 생각하면 분노의 감정이 가라앉는다.

또한 상대의 공격을 머릿속으로 다시 파악하는 것도 효과적이다. 가령 직장에서 기분이 좋지 않은 동료를 봤을 때 '이 사람이 기분 나쁜 이유가 무엇일까?' '오늘 집을 나설 때 가족과

3인칭 시점의 분노 해소 실험

실험자 제이슨 모저 팀(미시간주립대학교)

방법 다수의 피험자에게 혐오감을 안겨줄 수 있는 이미지를 보여준 뒤 한쪽에게는 '지금 나는 어떻게 느끼고 있는가?'라고 마음속으로 자문자답하게 하고, 다른 한쪽에게는 '지금 그(또는 그녀)는 어떻게 느끼고 있는가?'라고 마음속으로 말하게 하고 각각 뇌파를 측정했다.

결과 혐오감을 느끼는 것은 변함이 없더라도 1인칭으로 자문자답한 경우보다 3인칭으로 말한 경우에 감정과 관련된 뇌 부위인 대뇌변연계의 활동이 급격히 떨어졌다.

싸웠나?'라는 식으로 기분 나쁜 원인을 마음대로 생각해보는 것이다.

상태를 다시 파악하려면 뇌의 전두엽을 사용해 논리적 사고를 해야 하므로 그만큼 감정 반응을 담당하는 뇌의 기능이 억제된다. 다시 파악하는 것이 부정적인 감정을 억제하는 데 효과적이라는 사실은 스탠퍼드대학교의 젠스 블리처트(Jens Blechert) 팀이 실시한 실험에서 밝혀졌다.

실험자 젠스 블리처트 팀(스탠퍼드대학교)

방법 피험자를 세 그룹으로 나눠 뇌 활동을 비교했다. ①그룹은 평상시 표정을 보고, ②그룹은 화가 난 표정을 보고, ③그룹은 화난 표정을 본 다음 다시 파악하기를 했다.

결과 ②그룹은 다른 그룹보다 더 부정적인 감정을 갖게 되었고, ①그룹과 ③그룹은 유의미한 차이가 없었다.

상대가 불합리한 말과 행동을 해서 분노를 느꼈거나 기분이 언짢아졌을 때는 상황을 다시 파악하고, 상대가 자신을 공격하는 이유가 자신이 아닌 다른 것에 있다고 생각하면 기분이 훨씬 가라앉는다.

자기 이야기나 자기 자랑을 끊임없이 늘어놓는 상대의 이야기를 계속 듣고 있기가 지겨울 때도 다시 파악하기는 효과적이다.

'이 사람은 지금 자기 이야기를 해서 기분이 좋아졌구나.'

'이 사람의 이야기를 듣는 사람이 아무도 없겠네.'

이런 생각을 하면 어느 정도 짜증을 억누르고 적당히 듣고 넘길 수 있다.

● 사실은 나 때문에 그런 게 아니다

상대가 직접적으로 공격하지는 않아도 상대의 태도, 표정, 분위기에서 불편함이나 분노의 감정을 감지할 수도 있다.

사람은 표정, 시선, 목소리의 높이나 크기, 몸짓이나 손짓 등 모든 정보를 사용하여 의사소통을 한다. '메라비언의 법칙'(앨버트 메라비언)에 따르면 대화에서 말로 전달되는 정보는 30퍼센트 정도라고 한다. 비즈니스에서든 일상생활에서든 상대의 사소한 태도나 분위기에서 '화가 난 거 같은데?' '이 사람은 나를 미워하는 건가?'라고 느낄 수도 있다.

그러나 상대의 태도나 분위기가 차갑고 쌀쌀맞더라도 그 원인이 내가 아닌 다른 데 있을 수도 있다. 다른 일로 기분이 언짢아서 나를 정중하게 대해줄 마음의 여유가 없는지도 모른다. 그런데도 태도나 분위기로는 읽을 수 없는 정보를 멋대로 추측해서 '나를 공격하고 있어', '저 사람은 나를 싫어해'라고 생각하면 그 마음이 상대방에게 전해져 정말 관계가 안 좋아질 수 있다.

상대가 소중히 여겨야 할 사람이든 아니든 불필요한 추측을 해서 부정적인 기분을 느끼는 것은 시간과 에너지 낭비일 뿐이다.

● '안 돼'라는 말은 가볍게 무시하라

긍정적인 마음을 유지하고 동기부여와 능률을 높이려면 비판적인 의견을 너무 귀담아듣지 않아야 한다. 사람은 누구에게나 해당하는 모호한 말을 자신에게만 해당된다고 생각하는 경

바넘 효과 실험

실험자 버트럼 포러

방법 학생들에게 심리 테스트를 실시한 다음 전원에게 "당신의 성격에는 결점이 있지만, 평소 잘 대처하고 있다", "당신은 많은 능력을 가지고 있는데, 아직 제대로 발휘하지 못하고 있다"라는 식으로 누구에게나 해당되는 내용을 분석 결과로 말해주었다. 그리고 그 결과가 얼마나 자신에게 해당하는지 학생들에게 5단계로 평가해보라고 했다.

결과 평균적으로 4.26이라는 높은 점수가 나왔다. 학생들 대부분이 분석 내용이 정확히 자신에게 해당한다고 느꼈으며, 자신에게 호의적인 내용일수록 정확하다고 믿는 경향이 강했다.

향이 있다.

이를 '바넘 효과(barnum effect)'라고 하는데, 점쟁이도 종종 이용한다고 알려져 있다. 심리학자 버트럼 포러(Bertram Forer)가 20세기 중반에 실시한 실험으로 널리 알려진 것이다.

"넌 안 돼", "너는 부족해"와 같이 구체성이 결여되고 누구에게나 해당하는 비판적인 의견을 들었다고 해서 고민할 필요 없다. 또한 경영자나 상사 등 권력을 가진 사람이 당신의 의견이나 아이디어를 무조건 부정하더라도 경우에 따라서는 신경 쓸 필요 없다.

네덜란드 틸뷔르흐대학교의 라머스(Lammers) 교수 팀의 연구에서 사람은 권위를 가지면 공감력이 부족하고, 자신의 행동에 대해서는 관용을 베풀면서도 타인의 행동에 대해서는 엄격해진다는 사실이 밝혀졌다.

실험에서 피험자가 권력을 가졌을 때의 기억을 떠올리기만 해도 이런 결과가 나올 정도이므로 실제로 지금 권력을 쥐고 있는 사람은 그런 성향이 더욱 강하다는 것을 알 수 있다.

아무리 객관적으로 생각해도 자신의 의견이나 아이디어가 바람직한데도 경영자나 상사가 귀를 기울이지 않는다면, '어째서 몰라주는 것일까?'라고 쓸데없이 스트레스를 받는 것보다

권력과 판단 실험

실험자 라머스 팀(틸뷔르흐대학교)

방법 61명의 대학생을 두 그룹으로 나눠, ①그룹은 자신이 권력을 가졌을 때의 경험을 떠올린 뒤 과제에 착수하고, ②그룹은 자신에게 권력이 없음을 통감한 경험을 떠올린 뒤 과제에 착수하게 했다. 각 그룹에서 절반의 피험자에게 주사위를 던져 결과에 따라 보수를 다르게 지급했다(다만 주사위의 어떤 면이 나왔는지는 피험자가 자체적으로 보고하기 때문에 얼마든지 거짓말할 수 있다). 반면 나머지 절반의 피험자는 주사위를 던지지 않고, "부하직원이 교통비를 많이 청구하는 것을 윤리적으로 용서할 수 있는가, 없는가?"라는 질문만 했다.

결과 주사위를 던진 피험자 중에서는 ①그룹이 ②그룹보다 거짓 보고를 할 확률이 높았다. 또 부하직원의 교통비 과다 청구에 관한 질문에서 ①그룹이 ②그룹보다 엄격한 판단을 내리는 경향이 강했다.

상대방에게 공감력이 없기 때문이라고 단정 짓는 것이 나을 수도 있다.

'Certain
conditions'
for people
who live
happily
24 hours
a day

오늘 하루를
행복하게 살아가는
사람의 조건

선택의 시간이 빨라지면
집중할 시간도 늘어난다

● 최상의 선택과 빠른 선택, 어느 것이 좋을까?

일이나 인생에서 무언가를 결정해야 할 때, 물건을 사거나 레스토랑을 예약할 때 어떤 형태로 결단을 내리는가? 다양한 정보를 모아서 눈앞에 가능한 모든 선택지를 나열한 다음 시간을 들여서 비교 검토하는가? 아니면 정보를 세세하게 모으거나 비교하지 않고, '내가 원하는 조건을 충족한다', '나한테 충분히 좋다'라고 생각되면 빠르게 결정하는가?

심리학에서는 의사 결정 방식에 따라 기본적으로 사람을 2가지 유형으로 나눈다.

- 매사를 선택하기 전에 시간을 들여 폭넓은 선택지를 검토하는 극대화자(maximizer)
- 완벽한 판단보다 속도를 중시하고, 최소한의 기준을 충족하는 것을 빨리 선택하는 만족자(satisficer)

모든 선택지에 대한 정보를 모아서 천천히 검토한 후에 결정하는 사람은 극대화자, 웬만큼 조건이 충족되면 빠르게 선택하는 사람은 만족자이다.

미국 스워스모어대학의 배리 슈워츠(Barry Schwartz) 교수는 극대화자는 최상의 것을, 만족자는 충분히 좋은 것을 원하는 사람들이라고 말했다.

● 자신의 판단에 만족하지 못하는 사람

극대화자는 괜찮은 선택지가 있어도 정말 마음에 드는 것, 최고의 것을 끈질기게 탐색해 후회 없이 완벽한 결과를 얻으려고 한다.

하지만 세상에 완벽한 것은 없다. 아무리 정보를 모으고 시간을 들여 검토해도 나중에는 얼마든지 그 이상으로 더 좋은 것이 나온다. 더구나 검토하고 있을 때는 깨닫지 못했던 문제를 나중에 알아차릴 수도 있다. 그렇기 때문에 극대화자는 자신이 내린 판단에 만족하지 못하는 경향이 강하다.

집이나 자동차, 가전제품 등을 살 때 다양한 정보를 모아서 상품을 선택하고, 가격이 가장 저렴하다고 생각한 시점에 구입했는데, 나중에 다른 상품이 더 좋아 보여서 후회한 적이 있을 것이다. 혹은 자신이 샀을 때보다 가격이 더 떨어져서 억울해하지 않았는가?

반면 만족자는 극대화자처럼 이것저것 꼼꼼히 살피지 않는다. '이 정도 넓이는 갖고 싶다', '이 기능만큼은 꼭 필요하다'라는 식으로 절대 양보할 수 없는 최소한의 조건을 충족하면 그만이다. 나중에 더 좋은 상품이 있거나 자신이 샀을 때보다 가격이 더 떨어져도 '필요한 조건은 충족했으니 만족한다', '원래 가격보다 싸게 샀으니 만족한다'라고 생각한다.

만족자들은 자신에게 명확한 기준이 있지만 세상에 완벽한 것은 없고, 절대적인 정답은 없다고 생각한다. 그래서 부족한 것을 걱정하거나 부정적인 면에 주목하는 것이 아니라 본인이 내린 판단의 긍정적이고 낙관적인 면을 파악하고, 눈앞에 있는 것을 감사하게 받아들인다.

슈워츠 교수 팀은 구직 중인 11개 대학의 4학년생 548명을 극대화자와 만족자로 나눠 각각 어떤 직업을 갖고 어느 정도 만족하는지 전년 10월부터 다음 해 6월까지 추적 조사했다. 그 결과 첫 급여액에서 극대화자의 평균이 만족자의 평균을 20퍼센트 웃도는 것으로 나타났다. 그런데 자신의 일에 대한 평가는 극대화자가 만족자보다 낮았다.

슈워츠 교수는 이렇게 말했다.

"극대화자들은 모든 선택지를 시도하지 못하고, 어느 단계에서 선택의 기로에 놓이기 때문에 쉽게 후회한다. 극대화자는 좋은 선택을 하고도 잘못 선택했다고 생각한다. 만족자는 좋은 선택을 하고, 잘 선택했다고 생각한다."

만족자는 극대화자보다 행복(만족)하다고 느끼는 경향이 강하며, 극대화자는 더 비관적이고 삶에 대한 만족도도 낮은 경향이 있다.

● '그때 그렇게 선택하길 잘했어'

인생은 선택이나 의사 결정의 연속이다. 스스로 내린 결정에 대해 만족자는 좋은 선택을 했다고 생각하고, 극대화자는 더 나은 선택이 있었을 것이라고 생각한다. 의사 결정을 하면 할수록 만족자는 행복해지고 극대화자는 불행해진다.

그러면 극대화자는 의사 결정을 내리는 것을 피하게 되고, 누군가 대신 결정해주기를 바란다. 그리고 결과를 스스로 받아들이는 것이 아니라 다른 사람을 탓하고 계속 불만을 품는다. 불안과 불만이 많아 눈앞에 해야 할 일에 집중하지 못해 하루 24시간을 소중하게 보내지 못하고 삶의 만족도는 점점 떨어진다.

유감스럽게도 지금 우리 사회에는 극대화자들이 적지 않다. 회사나 사회에서 문제를 일으키는 사람, 항상 불만을 말하는 사람들은 극대화자에 가까울 것이다.

하지만 자신의 일과 삶이 자신이 원하던 것과 다르다고 해서 그 책임을 누군가의 탓으로 돌리거나 10년 후에 '그때의 선택은 잘못됐다'라고 후회해도 소용없다. 시간을 되돌릴 수도 없고, 다시 시작할 수도 없으니 말이다.

미래에 무슨 일이 일어날지는 아무도 모른다. 항상 정답을 선택할 수 없고, 언뜻 보기에는 오답이고 실패로 보여도 길게 보면 정답일 수도 있다. 혹은 실패가 있었기에 큰 성공으로 연결되기도 한다. 인생에는 이런 일들이 많이 일어난다.

또한 사람은 스스로 의사 결정을 내려야 자신의 일과 인생을 완수할 수 있다. 다른 사람에게 의사 결정을 맡기는 한 자신의 일, 자신의 인생이 될 수 없다. 항상 자기 스스로 의사 결정을 내리고, 어떤 일이 일어나도 그때 그 선택을 하길 잘했다고 생각하는 삶이야말로 건설적이고 행복하다고 말할 수 있지 않을까?

● 나 스스로 결정한 것은 무엇이든 옳다

슈워츠 교수는 사람들이 의사 결정을 하는 방향성을 평가하는 테스트도 개발했다. 각 설문에는 1(전혀 동의하지 않음)에서 7(강한 동의)까지 응답하는데, 득점이 높을수록 극대화자의 성향이 강하다.

사람은 어떤 선택에서는 극대화자처럼 할 수 있고, 다른 선택에서는 만족자처럼 할 수 있다. 대개는 중간의 어디쯤에 들어가겠지만, 자신이 극대화자에 가까운지, 만족자에 가까운지 확인해보자.

다만 결과가 어떻든 후회 없이 자기답게 충실한 삶을 보내려면 일에서든 일상생활에서든 스스로 의사 결정을 하는 횟수를 늘려야 한다. 그 결과에 항상 만족하고, 오늘 해야 할 일을 하며 24시간을 알차게 살아가야 한다. 만족자처럼 행동하는 것이 일에서도 성공하고 개인적인 삶에서도 행복하게 살 수 있는 지름길이다.

일에서든 일상생활에서든 결단해야 할 때마다 나중에 후회하지 않기 위해, 나중에 실패하지 않기 위해 일일이 정보를 모으고 꼼꼼히 비교 검토하려면 아무리 시간이 많아도 부족하다. 그만큼 정말 해야 할 일을 하지 못하고, 결국 자신이 내린 결정에 불만을 품는다면 선택하느라 보낸 시간은 완전히 낭비가 된다.

혹은 다른 사람에게 의사 결정을 맡기고는 "이것이 내 인생이다"라고 당당하게 나서지도 못한다. 그러면 납득하지도 못하고, 자기긍정감도 얻지 못하며, '이게 아닌데'라는 불만과 미래에 대한 불안감에 휩싸인다.

주위를 둘러보면 부모, 교사, 회사의 경영자나 상사가 시키는 대로 하는 사람들이 많다. 그들은 자신의 인생을 살고 있다고 말할 수 있을까? 그 삶의 방식이 행복하고 충실하다고 말할 수 있을까?

'나는 내 의사대로 모든 것을
결정하고, 만족스러운 인생을 살고 있다.'
이렇게 생각한다면 불만과 불안은
사라지고, 눈앞의 일에 더욱 집중해서
24시간을 보낼 수 있다.

당신은
만족자인가,
극대화자인가?

01	아무리 일에 만족해도 더 나은 기회를 찾아 나서는 것은 당연한 일이다.
02	자동차 안에서 지금 듣고 있는 라디오 방송에 만족해도 더 좋은 것이 없을까 하고 다른 방송을 확인하는 경우가 종종 있다.
03	텔레비전 프로그램 하나를 보려고 했더라도 채널을 탐색해서 다른 프로는 없는지 대충 훑어본다.
04	인간관계는 양복과 같다는 생각으로 여러 벌을 입어보고 자신에게 딱 맞는 것을 찾으려고 한다.
05	친구에게 줄 선물을 고르기가 어렵다.
06	비디오를 빌리는 것도 힘들다. 항상 어떤 것이 좋을지 망설여진다.
07	쇼핑할 때는 정말 좋아하는 옷을 찾는 데 어려움을 겪는다.
08	베스트 영화, 베스트 가수, 베스트 운동선수, 베스트 소설 등 순위를 매긴 리스트를 매우 좋아한다.
09	비록 친구에게 쓰는 편지라고 해도 글을 쓰기가 매우 어렵게 느껴진다. 문장을 잘 나열하기가 어렵기 때문이다. 그래서 간단한 글이라도 여러 번 초안을 작성한다.
10	결코 차선을 허락하지 않는다.
11	선택지 앞에서 망설일 때는 현재 선택지에 없는 것까지 포함해서 모든 가능성을 상상해본다.
12	현실과는 전혀 다른 생활을 상상하는 경우도 자주 있다.
13	무엇을 하든지 자신에게 최고의 기준을 가지고 있다.

출처 : 슈워츠 교수

오늘도 딴생각에 빠진 당신에게

초판 1쇄 인쇄 | 2024년 01월 05일
초판 1쇄 발행 | 2024년 01월 10일

지은이 | 홋타 슈고
옮긴이 | 정지영
펴낸이 | 정서윤

편집 | 추지영
디자인 | 지 윤
마케팅 | 신용천
물류 | 책글터

펴낸곳 | 밀리언서재
등록 | 2020. 3.10 제2020-000064호
주소 | 서울시 마포구 동교로 75
전화 | 02-332-3130
팩스 | 02-3141-4347
전자우편 | million0313@naver.com
블로그 | https://blog.naver.com/millionbook03
인스타그램 | https://www.instagram.com/millionpublisher_/

ISBN 979-11-91777-57-4 03190

값 · 17,500원